스토리 시장경제 ❶

시장경제란 무엇인가

스토리 시장경제 ❶

시장경제란 무엇인가

초판 1쇄 발행 | 2014년 7월 4일
초판 2쇄 발행 | 2014년 11월 20일

지 은 이 | 최승노
발 행 인 | 김영희

기획·마케팅 | 신현숙, 권두리
정리·구성 | 강이든
편집 | 정선영
디자인 | 이보림

발 행 처 | (주)에프케이아이미디어(프리이코노미스쿨)
등록번호 | 13-860
주   소 | 150-881 서울특별시 영등포구 여의대로 24 FKI타워 44층
전   화 | (출판콘텐츠팀) 02-3771-0434 / (영업팀) 02-3771-0245
팩   스 | 02-3771-0138
홈페이지 | www.fkimedia.co.kr
E - mail | hsshin@fkimedia.co.kr
I S B N | 978-89-6374-078-2   03320
정   가 | 10,000원

이 도서의 국립중앙도서관 출판예정도서목록(CIP)은 서지정보유통지원시스템 홈페이지(http://seoji.nl.go.kr)와
국가자료공동목록시스템(http://www.nl.go.kr/kolisnet)에서 이용하실 수 있습니다.(CIP제어번호: CIP2014018811)

시장경제란 무엇인가

가장 효율적인 선택을 이끄는 보이지 않는 손

최승노 지음

프리이코노미스쿨

:
:

간디가 대학에서 법을 공부하던 시절 피터스란 교수
가 있었다. 그는 평소 자신에게 고개를 숙이지 않는 간디에
게 불만이 많았다. 하루는 피터스 교수가 식당에서 점심을
먹는데, 간디가 그 옆에 앉았다. 교수는 거만하게 말했다.
"간디, 뭘 모르나 본데, 돼지와 새가 함께 앉아서 식사를 하
지는 않아요." 그러자 간디가 응수했다. "걱정 마세요, 교
수님. 다른 곳으로 날아갈게요." 그러고는 다른 자리로 옮
겨 앉았다.

화가 난 피터스 교수가 시험문제로 앙갚음하려 했지만
간디는 모든 문제를 척척 풀어냈다. 그러자 교수가 질문을
던졌다. "간디, 길을 걷다 두 개의 자루를 발견했어. 한 자
루에는 지혜가 들어 있고, 다른 자루에는 많은 돈이 들어 있

지. 하나만 가질 수 있다면, 뭘 선택할 거야?" 간디는 바로 대답했다. "당연히 돈이 들어 있는 자루죠." 피터스 교수는 웃으며 말했다. "내가 자네 처지라면 지혜를 택했을 거야!" 그러자 간디가 무심하게 대꾸했다. "사람들은 자기가 가지고 있지 않은 것을 선택하곤 하죠!"

만약 당신 앞에 돈과 지혜 두 개의 자루가 놓여 있다면 어떻게 할 것인가. 지혜도 소중하지만 돈도 꼭 필요한 것이다. 그러나 두 마리의 토끼를 동시에 쫓을 수 없듯 돈과 지혜도 모두 가질 수는 없다. 돈을 선택해서 삶을 넉넉하게 살 것인가, 아니면 지혜를 얻어 물질적으로 윤택하게 할 것인가. 둘 다 도움이 되는 것이라서 어떤 선택도 나쁘지 않다. 하지만 하나를 선택한다는 것은 다른 것을 포기하는 것이므로, 포기한 것에 비해 더 나은 것을 선택해야 한다.

만약 돈과 지혜가 시장에서 교환 가능한 성질의 것이라면 더 가격이 높은 것을 선택하는 것이 바람직하다. 바꾸고 남는 것은 다른 곳에 쓸 수 있기 때문이다. 하지만 돈으로 지혜를 구하는 것도, 지혜로 돈을 얻는 것에도 한계가 있다. 돈과 지혜는 서로 교환하기 어려우므로 자신에게 직접적인 도움이 되는 것을 택하는 것이 좋다. 즉 돈과 지혜 중

어떤 것이 자신에게 더 도움이 되는지가 중요하다. 간디가 자신은 지혜로운 사람이라서 돈이 더 필요하다고 말한 것은 그런 면에서 설득력이 있다. 돈을 갖게 되었을 때 느끼는 만족이 지혜를 추가적으로 얻었을 때 느끼는 만족에 비해 훨씬 큰 것이다. 반면 교수는 돈만 많으니까 지혜를 택하는 것이 당연하다는 것이다.

1885년 미국의 대통령 프랭클린 피어스Franklin Pierce는 지금의 워싱턴 주에 거주하는 인디언 수와미족 추장에게 그들의 땅을 사고 싶으니 팔아달라고 요청했다. 그러자 인디언 추장은 "어떻게 당신은 하늘과 땅의 온기를 사고팔 수 있습니까? 그런 생각은 우리에게는 매우 생소합니다"라며 답신을 보냈다.

그러나 미국을 비롯하여 도시문명이 빠르게 자리 잡은 선진국들 사이에서는 땅을 거래하는 일이 일찌감치 이뤄지기 시작했다. 1867년, 본래 러시아에 속했던 '알래스카' 땅은 720만 달러에 미국에 팔린다. 미국인들은 러시아가 쓸모없다고 여기는 불모지를 돈 주고 샀다고 몹시 비난했으며, 다른 모든 국가들도 이를 비웃었다. 그러나 1897년 알래스카에서 금광이 발견되었고, 1967년에는 석유가 발견되었다. 이 외에도 미국은 나폴레옹이 지배하던 프랑스에게서 '그레이트 플레인스'라는 땅을 사들였고 스카치 양주 한 병과 맞바꾼 인디언 소유의 땅, 현재 '뉴욕' 땅을 사게 되면서 세계 농업과 경제의 중심지가 되는 두 땅을 얻었다. 성공한 자본주의 국가의 표본이 된 미국은 거래를 통해 미래를 준비한 나라였다. 경제적인 선택의 순간에서 올바른 판단과 적절한 교환을 해낸 것이다.

사람들은 생활 속에서 늘 선택의 순간을 맞는다. 어떤 기준을 가지고 선택하는 것이 좋을까? 우리 삶은 늘 경제적 선택의 반복이다. 자신에게 더 필요한 것을 선택하고 상대적으로 풍족한 것을 그 대가로 지불하면서 시장이 성립하는 것이다. 사람마다 취향도 다르고 필요한 것이 다를 수 있다. 자신에게 불필요한 것이 다른 사람에게는 필요한 것일 수도 있다.

사람들은 누구나 본능적으로 교환을 통하여 자신의 필요를 충족시킨다. 이 책에서는 이와 같이 시장경제를 움직이는 '보이지 않는 손'에 대해 알아보고, 시장의 원리를 설명하는 스토리를 소개하고자 한다. 이 책은 시장경제의 입문서인 셈이다.

나라가 번성하고 부강하려면 먼저 개인의 성공과 자유가 바탕을 이루어야 한다. 자본주의 사회에서 성공의 길을 걷고자 하는 사람은 누구나 시장경제를 올바로 인식하고 그에 걸맞게 행동할 필요가 있다. 올바른 가치관이 바로 미래를 밝히는 나침반인 셈이다. 무엇을 선택할지는 각자의 몫이며, 그 결과도 마땅히 감당하는 것이 삶이다.

시장경제를 쉽게 이해할 수 있도록 스토리 시장경제 시리즈를 9권으로 묶었다. 이 책은 그 1권에 해당한다. 시리즈는 『시장경제란 무엇인가』(1권), 『정의로운 체제, 자본주의』(2권), 『사회주의는 왜 실패하는가』(3권) 등으로 구성된다. 4권에서는 정부의 역할과 규제에 대해 알아보고, 5권은 세계화, 6권은 복지와 세금을 다룬다. 7권은 기업, 8권은 기업가를 서술하며, 9권은 일자리와 경쟁 속의 삶에 대해 다룬다.

차례

•
•
•

시장의 탄생

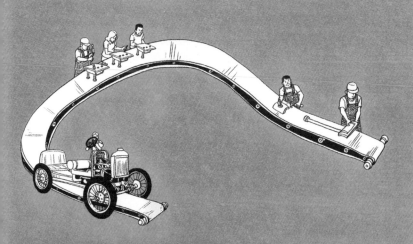

교환은 단순한 행위에 불과해 보일지도 모른다. 하지만 교환은
자연스레 타인의 욕구를 읽고 충족시킬 방법을 찾게 만든다.
이는 혁신과 진화적인 잠재력을 끌어내게 되고
인간이 새로운 지식을 개발하도록 만든다.

사람은
혼자서 살 수 없다

침팬지가 키운 야생아 벨로

1996년 나이지리아의 숲에서 네 살배기 아이가 발견됐다. 아이의 이름은 벨로. 생후 6개월에 버려져 2년 반이 넘도록 침팬지 손에서 자랐다. 발견 당시만 해도 벨로는 사실상 인간다운 모습을 거의 찾을 수 없었다. 태어났을 때만 해도 정상이었을 등뼈는 침팬지처럼 네 발로 걷던 습성 때문에 휘어서 바로 서지 못했고, 자연히 직립보행도 불가능했다. 또한, 뇌가 정상적으로 발달하지 못해 인간의 언어를 전혀 하지 못했다. 그저 침팬지처럼 소리 내고 행동할 뿐이었다. 야생 침팬지와 생활하며 침팬지의 모습을 보고 흉내 내며 자라온 벨로에게 인간 사회는 낯설고 이해하기 힘들었으리라.

실제로 벨로는 처음 발견되고 6년이 지난 2002년에야 나이지리아 카누시 고아원에서 다른 사람들과 생활하게 되었다. 하지만 10세가 된 벨로는 또래 아이들과 확연히 다른 모습이었다. 하루 12시간을 뛰어다니며 시도 때도 없이 손뼉을 치며 괴성을 질렀다. 뛰어다니지 않을 때는 흙을 집어 먹거나 열매를 가지고 놀았다. 또래 아이들과 어울리기를 싫어하고 침팬지의 사진을 보여 주면 침팬지 소리를 내며 반응했다. 왜 이런 일이 일어났을까? 엄밀히 말해 벨로는 결코 침팬지가 아니었다. 하지만 다른 사람과 전혀 어울리지 못하고 침팬지의 생활 습성을 고스란히 따라하는 벨로를 인간이라고 할 수 있을까? 침팬지와 인간 사이의 어중간한 지점에 놓인 벨로의 사례에서 우리는 중요한 사실을 깨달을 수 있다.

벨로처럼 인간 사회에서 다른 사람들과 어울리며 자연스럽게 지적 능력을 발달시키고 인간의 생활양식을 습득하는 경험을 전혀 하지 못하는 경우, 사람으로 태어났을지언정 결코 사람다운 삶을 영위할 수 없다는 사실이다. 야생에서 침팬지와 함께하며 동물의 삶을 살았던 벨로가 끝

끝내 인간 사회에 속하지 못하고 백만 년 전의 유인원 모습으로 남을 수밖에 없었던 것은 바로 이 사실을 강력하게 시사한다.

그렇다면 인간이 인간답게 살아가려면 무엇이 필요할까? 고대 그리스의 철학자 아리스토텔레스는 인간을 이렇게 정의했다.

"인간은 사회적 동물이다."

이 말인즉, 인간이 인간답게 살아가기 위해서는 사회가 필요하다는 뜻이다. 사회란 "공동생활을 영위하는 모든 형태의 인간 집단[1]"으로, 나와 다른 사람들로 이루어진다. 다시 말해, 나와 다른 사람이 함께 어우러져 살아갈 때에 비로소 인간은 인간답게 살아갈 수 있다고 할 수 있다. 이처럼 인간은 타인의 존재를 끊임없이 필요로 하며 타인과의 끊임없는 사회적 상호작용을 통해 인간답게 살게 된다.

무인도에서 탈출한 로빈슨 크루소

그렇다면 벨로처럼 처음부터 인간 사회에 속하지 못하

고 외따로 성장한 것이 아니라 인간 사회에서 멀쩡히 잘 살다가 혼자 남은 경우는 어떻게 될까?

이 흥미로운 질문에 영국의 작가 대니얼 디포^{Daniel Defoe}가 1791년에 발표한 작품 『로빈슨 크루소^{Robinson Crusoe}』가 유의미한 실마리가 될 수 있겠다. 주인공 로빈슨 크루소는 항해를 하다가 배가 난파되는 바람에 무인도로 떠밀려가게 되었다. 졸지에 혼자 무인도에 갇힌 로빈슨 크루소. 과연 그는 무인도에서 어떤 생활을 했을까?

우리는 흔히 골치 아픈 일이 있을 때마다 "무인도에나 가서 살면 좋겠다"고 한다. 바쁜 일상과 복잡한 인간관계에서 벗어나 유유자적 한가롭고 여유로운 시간을 보내고 싶은 마음이리라. 여기서 떠올리는 무인도는 사람 손이 닿지 않은 자연 그 자체가 아니라 이미 모든 것을 완비한 자연 속의 휴양지나 다름없다. 하지만 로빈슨 크루소가 표착한 무인도는 말 그대로 아무것도 없는 자연 그 자체. 생활에 필요한 모든 의식주를 혼자 다 마련해야 했고 그 과정 역시 처음부터 끝까지 혼자 해야 했다.

비바람과 동물의 습격에서 자신을 보호할 오두막집을 짓고, 수렵과 채집을 통해 먹을거리를 구하며, 염소를 기르고 농사를 짓는 등 자급자족적 경제생활을 꾸려나갔다. 그 야말로 과거로 돌아간 원시적인 생활이었다. 하나에서 열까지 혼자 힘으로 하려니 시간이 턱없이 부족했고 하루하루 생계를 유지하기에도 빠듯했다.

요즘 우리의 삶과 비교하면 상상할 수 없을 정도로 고달프고 궁핍한 생활이었다. 오로지 생존에만 집중할 뿐 문명이라고는 전혀 찾을 수 없는 무인도의 삶이 동물의 그것과 무엇이 다르겠으며, 과연 인간다운 삶이라고 할 수 있겠는가. 우리는 로빈슨 크루소의 외롭고도 궁색한 생활을 통해 자급자족하는 1인 경제의 한계를 명확하게 확인할 수 있다.

오늘날 인류가 높은 수준의 문명을 이룩할 수 있었던 데에는 수많은 사람이 모여 이루는 교환의 경제가 있었던 덕분이다. 각자가 생산한 재화와 서비스를 다른 사람과 교환하면서 풍요와 번영을 이끌어냈고, 이와 같은 경제적 발전을 토대로 문명이 발달하지 않았는가. 그리고 문명이 발달하고 개개인의 생산 능력이 향상되면서 경제 규모는 더욱더 확대되고 개인의 삶 역시 윤택해질 수 있었다. 이처럼 경제와 문명은 서로 앞서거니 뒤서거니 하며 함께 발전을 이끌어 왔고, 그 밑바탕에는 수많은 사람이 모여 함께하는 사회가 있었다.

단적으로 로빈슨 크루소가 무인도에서 탈출하기 위해 뗏목을 만드는 것을 생각해 보자. 로빈슨 크루소는 혼자 나무를 자르고 다듬고 못질하며 무려 42일이라는 시간이 걸려서야 겨우 뗏목을 완성할 수 있었다. 만약 힘이 세고 손재주가 좋은 사람들이 더 있었더라면? 이들이 로빈슨 크루소와 함께 뗏목을 만들었다면 훨씬 수월하고 빠르게 뗏목을 완성할 수 있었을 터. 혼자 끙끙거리며 간신히 뗏목을 만들고, 다시 인간 사회를 향해 무인도를 탈출하는 로빈슨 크루소는 '인간은 결코 혼자서 인간답게 살 수 없다'는 절박한 메시지의 표상이나 다름없다.

교환, 부족함을
해결하기 위한 본능

종이 클립으로 농장의 집을 구하다

오늘날 우리는 원하는 물건을 비교적 손쉽게 구할 수 있다. 적어도 그에 상응하는 교환가치를 소유하고 있는 한, 구하지 못할 물건은 사실상 거의 없다. 어떻게 이런 일이 가능할 수 있을까? 이유는 간단하다. 교환 경제의 발달, 즉 시장에서의 거래가 전방위적으로 확대된 덕분이다.

요즘 생활필수품으로 자리 잡은 스마트폰을 생각해 보자. 다소 고가의 스마트폰이라고 할지라도, 마음만 먹으면 얼마든지 구매할 수 있다. 스마트폰의 가격만큼 돈을 지불하면 자신이 원하는 스마트폰을 바로 소유할 수 있으니 말이다.

만약 스마트폰을 우리가 직접 만든다면 어떨까? 1년이 걸려도 스마트폰을 단 한 대도 만들 수 없을 것이다. 스마트폰을 만드는 데 필요한 정보를 모두 알고 있다고 해도 마찬가지다. 스마트폰 한 대를 만들기까지 필요한 첨단 기술과 부품은 단 한 사람의 노력만으로는 가능하지 않기 때문이다. 수만 명이 힘을 합쳐야만 비로소 '손 안의 컴퓨터'라고 불리는 스마트폰이 완성된다.

옛날과 같은 자급자족적 경제에서는 절대 불가능했을 스마트폰의 소유가 가능한 까닭은 앞서 말했다시피 '교환의 경제' 덕분이다. 우리는 시장을 통해 우리가 필요한 것을 구하고, 우리에게 남아도는 것을 다른 사람에게 제공할 수 있다. 이처럼 다른 사람에게서 내가 부족한 것을 채우고, 다른 사람이 부족한 것을 내가 채워줄 수 있는 자연스러운 시스템이 바로 교환의 경제이며, 이것이 시장경제의 기본이다.

먼 옛날, 물물교환으로 시작한 교환의 경제는 교환 당사자들 모두에게 이득을 줄 수 있다는 점에서 가치와 의미를 지닌다. 같은 물건이라도 모든 사람에게 동일한 가치를 지니지는 않는다. 어떤 사람에게는 불필요한 물건이 다른 사람에게는 꼭 필요하기도 하고, 그 반대이기도 하다. 그렇기 때문에 사람들은 스스로의 필요에 따라 자연스럽게 교환하게 되고, 이를 통해 자신의 욕구를 충족한다.

　교환의 놀라운 위력은 다음 사례에서도 확인할 수 있다. 2006년 몬트리올의 한 대학에 재학 중이던 남학생 킬은 종이 클립으로 농가를 구입했다. 도대체 누가 하잘것없는 종이 클립과 농가를 바꾼단 말인가, 얼핏 말도 되지 않는 일이 실제로 일어났다!

　킬은 우선 자신이 가진 종이 클립과 붕어처럼 생긴 펜을 교환했다. 당시 펜을 가진 사람은 자신이 쓰지 않는 우스꽝스러운 펜보다 종이 클립을 더 가치 있게 생각했기 때문이다. 반대로 킬은 종이 클립보다 펜을 더 가치 있게 생

각했기에 이 교환이 성공적으로 이루어질 수 있었다.

그 다음에 킬은 붕어처럼 생긴 펜과 수제 문손잡이를, 문손잡이와 캠핑용 난로를 교환하는 등 계속해서 물물 교환을 시도했다. 한번은 유명 뮤지션인 앨리스 쿠퍼Alice Cooper와 오후 시간을 보낼 수 있는 이벤트 티켓과 1년 치 집세를 교환하기도 했다.

킬이 마지막으로 교환한 것은 할리우드 영화에 단역으로 출연할 권리였다. 이것을 한 농장의 집과 바꾸면서 종이 클립에서 시작한 교환 거래의 정점을 찍었다. 결과적으로 보면 종이 클립과 농가의 파격적인 교환이지만, 단계별로 살펴보면 교환의 주체를 모두 만족시킨 거래였다. 킬과 물물교환을 했던 모든 사람은 자신이 손해 보거나 자신에게 불필요한 거래를 하지 않았다. 각자 자신이 교환하려는 것보다 가치 있다고 판단했기 때문에 흔쾌히 킬과의 교환에 응했던 것이다. 교환은 교환 당사자가 서로 자신에게 이득이 될 때에만 성립하기 때문이다. 킬의 마지막 거래였던 할리우드 영화의 단역 출연은 킬에게는 별다른 가치가 없었다. 가난한 학생이었던 킬에게는 집세를 내지 않아도 되는 농가의 집이 훨씬 큰 가치가 있었다. 하지만 농가 소유

주에게는 농장의 집보다 단역 출연이 훨씬 큰 가치가 있었던 것이다. 이는 똑같은 재화와 서비스라도 사람마다 적용하는 가치가 다르기 때문이며, 이것이 바로 교환을 가능하게 하는 원리이다.

경제의 기본은 교환!

앞서 킬의 물물교환 사례에서 확인했듯 교환이란 누군가가 원해야만 비로소 이루어지기 마련이다. 이때 교환의 성사에 적극적으로 관여하는 것이 바로 교환가치이다. 교환가치란 상대적 가치로, 특정 상품이 다른 상품과 어느 정도로 교환될 수 있는지를 나타낸다. 즉 교환가치는 교환을 위한 수단으로서의 가치인 셈이다. 우리는 각자 자신의 기준에 따라 필요한 가치를 교환하면서 살고 있으며 물질적인 풍요를 누리고 있다.[2]

한마디로 교환은 우리의 삶을 풍요롭고 윤택하게 만들었다. 자급자족의 생활에서 벗어날 수 있게 되면서 보다 나은 삶을 누리게 됐다. 자급자족 경제생활을 하던 이들은 자신이 먹고 입기 위해 일했다. 즉, 자신에게 필요한 것을 위해 일했다. 하지만 교환이 발달하면서 남을 위해 일하게 됐다. 남을 위한 재화를 만들어 내는 것이 자신을 위한 일이 됐기 때문이다. 몸은 약하지만 그림을 잘 그리는 사람이 먹고살기 위해 농사를 짓지 않아도 되게 됐다. 남이 원하는 그림을 그려 주면 먹을 것을 보다 쉽게 구할 수 있다. 더 이상 필요한 물건을 갖기 위해 자신의 역량에 맞지 않는 생산에 직접 참여할 필요가 없어졌다. 자신의 능력과 전문성을 최대한 발휘할 수 있는 삶이 가능해진 것이다.

교환이 가져다 준 삶의 가치는 이뿐만이 아니다. 교환은 생산방식의 근본적인 변화를 가능하게 했다. 각자 자신이 잘할 수 있는 일을 하게 되면서 생산성이 증가돼 생산량이 많아졌다. 제품의 종류도 많아졌으며 품질도 좋아졌다. 자신이 좀 더 잘하는 일에 집중한 결과다. 남들이 보다 가치 있게 생각할 물건을 만들어 내는 일이 바로 자신을 위한 일이기 때문이다. 예컨대, 신발을 잘 만드는 사람은 남들이 좋아할 만한 신발을 만들기 위해 더 많은 노력을 기울이게 된다. 보다 가볍고 편안한 신발을 만들면 사람들이 더 많은 신발을 사려 할 것이다. 너무도 당연한 일이지 않은가? 교환은 거래 당사자 모두에게 이득을 주며, 교환을 위한 생산은 결국 우리 모두에게 이로운 결과이다.

교환은 단순한 행위에 불과해 보일지도 모른다. 하지만 교환은 자연스레 타인의 욕구를 읽고 충족시킬 방법을 찾게 만든다. 이는 혁신과 진화적인 잠재력을 끌어내게 되고 인간이 새로운 지식을 개발하도록 만든다. 이전의 지식 문제를 해결하는 계기를 마련해 준다. 교환은 인간사회의 발전에 토대가 됐다고 봐도 좋다. 교환이 가진 진정한 가치가 실로 엄청나지 않은가? 개개인이 이런 생각을 하며 재화를 생산하고 교환에 임하지는 않는다. 하지만 교환의 결과가 충분히 이를 증명하고 있다.

혼자 자동차를
완성할 필요는 없다

분업의 놀라운 힘

분업은 교환과 더불어 경제발전의 아주 중요한 기본 원리이다. 경제학의 아버지로 꼽히는 애덤 스미스Adam Smith는 『국부론The Wealth of Nations』에서 분업을 "하나의 노동과정을 여러 부분으로 나누어 각 부분을 개인이나 개별 집단이 각각 수행하는 방식"이라고 정의했다. 그리고 '핀 공장'의 사례를 들어 분업의 위력을 설명했다.

"핀 제조에 대한 교육을 제대로 받지 못한 노동자는 아무리 노력해도 단 하나의 핀도 만들기 어렵다. 하지만 내가 방문한 핀 공장은 전체 작업공정을 세분화시켜 여러 독자적인 작업들로 나눠져 있었다. 핀을 만들기 위해 쇠줄을 뽑고, 자르고, 갈고, 두드리는 등의 과정이 필요하다. 이러한 과정들을 세분화하여 여러 사람이 각 단계를 맡아 일한다. 핀에서 핀의 머리 부분을 만드는 데만도 뚜렷하게 분리된 과정으로 나뉘며 담당하는 사람이 다르다. 철사를 가져오는 사람, 철사를 펴는 사람, 철사를 자르는 사람, 끝을 뾰족하게 만드는 사람, 핀 머리를 붙이기 좋도록 만드는 사람이 있다. 핀 하나를 완성하기 위해 총 18가지의 세부 작업 과정이 필요하며, 이 모든 작업 과정마다 담당하는 사람이 다르다. 이런 방식으로 작업하는 공장에서는 노동자 일인당 하루에 4,800개의 핀을 생산할 수 있다."

애덤 스미스는 핀 공장이 분업을 통해 생산량을 비약적으로 증대시킨 사실에 주목했다. 종전처럼 각자 핀 하나씩을 책임지고 만들 때에는 하루에 20개를 만들기도 힘들었지만, 핀을 만드는 과정을 여러 단계로 나누고 단계별로 각각 노동자가 책임지는 분업 방식을 이용하자 하루에 4,800개나 만들 수 있었다.

애덤 스미스가 살던 당시, 아직 생산 설비의 본격적인 기계화가 이루어지지 않았다. 공장이라고 해 봤자, 가내수공업에서 규모가 조금 커진 정도에 불과했으며 '공장제수

공업Manufacture'이라고 불리기도 했다. 그런 상황에서 240배에 달하는 어마어마한 생산량의 증대가 가능했던 것은 철저히 분업 덕분이었다. 애덤 스미스는 분업이야말로 생산시간을 줄이고 효율성을 높여 가장 효과적으로 생산량을 극대화시키는 방법이라고 보았다. 그리고 분업을 통한 생산방식의 혁신이 곧 생산량의 증가, 그리고 국가의 부를 증대시키는 가장 확실한 길이라고 믿었다. 이러한 애덤 스미스의 믿음이『국부론』에 고스란히 담겨 근대 경제학의 가장 중요한 밑바탕을 이룬 것은 두말할 필요도 없다.

분업과 마이카 시대의 상관관계

자동차는 분업을 통해 생산량을 급격히 증가시키고 대중화에 성공한 대표적인 산업이다. 과거 자동차는 만드는 데 오래 걸리고 공정도 매우 까다로워 아주 값이 비싼 상위 1퍼센트의 전유물이었다. 자동차 한 대를 만드는 데에는 많은 부품과 숙련된 기술, 그리고 오랜 시간과 정성이 필요했기 때문이다. 20세기 초만 해도, 자동차 기술자가 일 년에 세 대를 간신히 만들 정도였다. 자연히 자동차는 돈 많은 부자만이 타고 다닐 수 있던 최고급품이자 사치품일 수밖에 없었다. 이러한 자동차를 대중에게까지 널리 확산시킨 사람이 바로 미국의 자동차 왕 '헨리 포드Henry Ford'이다.

헨리 포드는 1903년에 자동차 회사 포드Ford를 세우고, 값싸고 좋은 자동차를 만들기 위해 노력했다. 이때 도입한 시스템이 바로 포드시스템이라 불리는 분업 방식이다. 포드시스템의 핵심은 자동차 생산의 표준화와 컨베이어 벨트를 이용한 이동식 조립방식이다. 헨리 포드는 생산과정의 표준화를 통해 작업자가 지켜야 할 기준을 정해 놓고, 컨베이어 벨트에 따라 철저한 단계별 분업을 통해 최고의 품질을 갖춘 자동차를 안정적으로 생산하고자 했다. 그 결과는 성공적이었다.

컨베이어 벨트를 통해 재료를 노동자에게 전달하면 해당 노동자는 표준에 맞게 작업을 진행했다. 포드시스템을 적용한 다음부터 자동차 섀시를 조립하는 시간이 12시간 30분에서 2시간 40분으로 단축됐다. 1914년에는 자동차 1대를 겨우 90분 만에 만들 수 있었고 자동차를 만드는 비용도 대폭 낮췄다. 시간과 비용이 줄어들자 생산성이 비약

적으로 향상되었다. 그 덕분에 헨리 포드는 좋은 품질의 자동차를 안정적으로 대량생산해 냈고, 당시 2,000달러나 하던 자동차 한 대의 가격을 825달러로 내릴 수 있었다. 심지어 나중에는 무려 300달러 이하까지 낮추는 데 성공했다.

포드시스템은 포드가 1923년 한 해에만 자동차 167만 대를 생산할 수 있게 했다. 167만 대는 1923년 미국 자동차의 절반에 해당하는 수치였다. 이와 같은 포드시스템의 성공은 더 많은 사람이 저렴한 가격에 자동차를 이용할 수 있는 '마이카My Car 시대'를 여는 데 결정적으로 기여했다. 그리고 본격적인 마이카 시대는 도로의 확장과 더불어 관광과 레저 산업을 발달시키는 계기가 되었으며 이는 각 지역 도시 성장의 발판이 되었다.

이처럼 분업은 혁신적인 생산성 향상을 가능하게 해줄뿐더러 경제와 사회문화의 동반성장을 이룰 수 있게 한다. 만약 분업이 없었더라면 오늘날 우리가 누리는 풍요와 번영은 덧없는 백일몽에 그쳤을지도 모른다.

분업, 특화의 마술

이 분야 일인자는 바로 나야!

짙은 안개가 깔린 영국 런던의 베이커가 221B에는 키
크고 깡마른 남자가 산다. 그는 파이프담배를 즐겨 태우며,
사건이 터지면 트렌치코트를 입고 중절모를 푹 눌러쓴 채
현장으로 달려간다. 날카로운 추리력으로 경찰도 쉬이 해
결하지 못하는 온갖 미제 사건을 척척 해결하는 남자의 이
름은 바로 셜록 홈스Sherlock Holmes. 아서 코난 도일Arthur Conan
Doyle이 창조해낸 사립탐정이자 전 세계적인 명탐정이다.

홈스의 무기는 탁월한 관찰력과 통찰력이다. 사람의
겉모습만 보고도 출생지, 직업은 물론 지금 어떤 상황에 처
했는지조차 단박에 알아낸다. 마치 무당이 점 봐주듯 상대

의 이력을 족족 집어내는 홈스의 추리력은 언제 보아도 신통방통 경이롭기 그지없다.

이처럼 코난 도일은 뛰어난 분석력을 바탕으로 한 사건 추리에 특화된 가상인물 홈스를 통해 사립탐정이라는 직업을 전 세계에 널리 알렸고, 작가적 지위와 부, 명성까지 한꺼번에 거머쥐었다. 홈스가 탐정의 대명사로 흔들리지 않는 굳건한 위상을 구축한 것은 두말할 필요도 없다.

사실 소설 속에서 묘사된 홈스의 생활은 꽤나 흥미롭다. 평소에는 한없이 게으르고 아침에 일찍 일어나는 법이 없지만, 사건 의뢰가 들어오면 마치 딴 사람인 양 변한다. 꼼꼼하게 현장을 관찰하고 증거를 모아 사건을 치밀하게 분석한다. 얼핏 완전범죄로 보이는 사건도, 끝내 풀어 내고야 마는 놀라운 추리력! 홈스는 사건의 진상을 낱낱이 파헤쳐 진범을 잡고, 사건을 해결한 대가를 받아 먹고산다. 이처럼 홈스가 사건 수사만 하고도 문제없이 살 수 있는 까닭은 자신이 가장 잘하는 분야, 즉 추리에 특화한 사립탐정이라는 직업을 갖고 있기 때문이다.

사실 특화는 분업과 연관된 경제 개념이다. 경제학에서는 특화를 '각각 다른 개인, 산업, 지역 간에서 다른 생산활동의 분업'이라고 정의한다. 쉽게 말하면 세분화된 일 가운데 특정한 일에 전문화하는 것으로, 필연적으로 분업을 전제로 하게 된다. 그리고 각 경제 주체는 자신이 담당하는 생산과정 내에서 필요한 기술을 익히고 발전시키면서 특화된다.

특화는 개인이 가진 능력을 십분 발휘시킬 수 있는 장점이 있다. 기왕 일을 한다면, 자기 능력을 보다 적극적으로 발휘할 수 있는 일을 담당하는 편이 개인으로도, 사회로도 더 바람직하지 않겠는가? 이처럼 특화는 각자 능력을 잘 발휘할 수 있는 일을 담당하면서 자연스럽게 분업을 이루는 원리로 작용한다.

특화는 특정 제품의 생산과정뿐만 아니라 산업분야 전체에서도 유효성을 갖는다. 산업의 경우, 특화는 발명 또는 생산방식의 혁신, 기계의 효과적 사용 등을 유도한다. 흥미로운 점은 기업뿐만 아니라 지역 단위로도 특화가 나타나는 것이다. 대표적으로 '특화작물'이 있다. 지역마다 토지의 차이가 있고, 토지의 성질에 따라 잘 자라는 작물 역시 차이가 난다. 따라서 한 지역에서 모든 작물을 생산하는 것보다 자신들에게 특화된 작물을 생산하는 일이 더 효율적이다. 예를 들어 녹차를 생각해 보자. 우리나라에서 대표적인 녹차 생산지는 단연 전남 보성이다. 보성 녹차는 국내 녹차의 대명사라 해도 과언이 아니다. 그렇다면 어떻게 보성은 녹차 생산의 대표적 지역이 되었을까?

차나무는 기온이 온화하면서도 바람이 잘 불고 물이 잘 빠지는 곳에서 잘 자란다. 보성은 차나무를 키우기에 가장 최적화된 토양과 기후를 가지고 있다. 따라서 다른 지역보다 보성에서 생산한 녹차가 맛도 향도 더 좋을 수밖에 없다. 이는 보성이 다른 지역에 비해 녹차 재배에 특화되어 있다는 의미이기도 하다. 그리고 보성이 특화된 녹차 재배에 집중한 덕분에 지금 우리가 질 좋은 녹차를 마음껏 음미할 수 있게 되었으니 이 얼마나 감사한 일인가!

사회가 발전할수록 특화가 확대된다

특화는 직업의 세분화에도 영향을 미친다. 이를테면 셜록 홈스의 직업, 즉 사립탐정 역시 사회적 특화로 발생한 직업군으로 볼 수 있다. 특화란 곧 특정 분야, 직업의 전문화로 도시의 발달과 인구 증가에 따라 가속화되는 특징을 보인다. 그 이유는 도시가 커져서 사람이 많이 모일수록 분업과 특화가 활발하게 일어나기 때문이다. 사람이 많을수록 하나의 일을 처리하는 과정이 세분화되고, 각자 담당하는 일의 범위가 좁아지면서 훨씬 심도 있는 일 처리를 가능하게 한다.

일례로 병원이 있다. 병원은 대도시뿐만 아니라 지방 소도시, 외딴 변두리에도 분명 존재한다. 하지만 각각 소재지에 따라 병원의 전문성은 확연한 차이를 드러낸다. 인구가 적은 변두리 지역일수록 한 병원이 담당하는 진료과목이 많지만, 인구가 많은 대도시일수록 병원마다 특화된 진료과목이 나뉜다. 척추 전문 병원, 비만 클리닉만 운영하는 병원, 아토피 전문 병원 등등. 워낙 병원이 많고 환자 수가 많다 보니 각자 자기들이 가장 잘하는 진료과목에 주력하며 타 병원과의 차별성을 꾀하기 때문이다. 즉, 환자(사람)가 많아지면서 병원이 전문화되었고, 결과적으로 특화가 더욱 세분화된 것이다.

여기서 우리는 특화의 중요한 힌트를 발견할 수 있다. 동일한 일을 하는 사람이 많을수록 일의 과정과 종류가 세분화된다. 그 이유는 다른 사람과의 차별성을 획득하기 위해서다. 따라서 특화는 차별화의 시작이라고도 할 수 있다. 특정 재화나 서비스 수요가 증가하면 자연히 생산자마다 차별화를 요구받게 된다. 그리고 차별화의 수요는 특정한 부분에서의 전문화, 즉 특화로 이어진다.

어떤 분야가 발전하고 확대될수록 특화는 더욱더 세분화되어 나타나며 개인, 지역, 국가에 국한되지 않고 사람이 모이는 모든 곳에서 일어난다. 특히 직업의 경우, 도시가 발달하고 특화가 확대되면서 직업의 종류가 다양해지는 경향이 있다. 그 이유는 도시의 발달에 따라 인구가 증가하면서 사람마다 다양한 욕구가 쉴 새 없이 발생하기 때문이다.

사람의 욕구는 수요로 나타나며, 수요는 공급을 불러일으킨다. 물론 수요가 있다고 무조건 공급이 일어나는 것은 아니다. 오히려 공급이 수요를 자극하기도 한다.

수요를 해결하기 위한 공급으로서 특화된 새로운 직업이 탄생하기도 한다. 2014년 3월 정부는 '신新직업 육성 추진계획'을 발표했다. 사립탐정이라 불리는 민간조사원, 전직지원전문가, 화학물질안전관리사, 도시재생전문가 등

40여 개의 새로운 직업을 육성한다고 한다. 이는 사회가 발전하면서 사람들의 새로운 요구를 충족시킬 필요가 생겼기 때문이다. 하지만 해당 서비스에 대한 수요는 있으나 관련 법규와 제도가 미비한 탓에 아직까지 합법적인 직업으로 자리 잡지는 못한 상황이다. 시대가 바뀌고 도시가 발달하면서 직업은 세분화되었지만, 사회 법제가 미처 변화의 흐름을 따라가지 못한 경우다.

사람마다 가지고 있는 능력과 환경은 다르며, 각자 전문성을 가지고 경쟁력을 가질 수 있는 분야도 다르다. 지역, 국가 역시 마찬가지다. 같은 일을 한다고 해도 서로 다른 생산성을 나타낸다. 당연히 모두가 같은 일을 하는 것보다 자신에게 맞는 분야에 특화되는 편이 모두에게 이득이다. 특화를 통한 분업은 더욱 싼 비용과 짧은 시간 내에 높은 생산성을 거둘 수 있게 하는 효과가 있다. 이처럼 특화는 자신이 잘하는 일을 더욱 잘하도록 하면서 더 큰 이익을 발생시킨다.

그리고 특화를 통한 분업은 사람들이 더는 자급자족 경제가 아니라 교환 경제로 전환하게 하는 데 큰 영향을 끼쳤다. 특화는 거래 규모의 확대를 가능하게 했고 사회 전체의 부를 늘리는 데 기여했다. 특화는 선택과 집중을 가능하게 했고, 지금 우리가 이토록 많은 것을 누릴 수 있게 한 원동력이다.

당신은 어느 분야에
비교우위가 있습니까?

20세기를 감동시킨 영화 신동의 재능

1963년, 미국의 애리조나주 피닉스의 한 작은 영화관에서 〈파이어라이트Firelight〉 유료 상영회가 열렸다. 〈파이어라이트〉는 상영시간이 140분이 넘는 독립영화로, 500달러가 넘는 수익을 거두는 데 성공했다.

코닥 8mm 카메라로 촬영한 전쟁영화 〈파이어라이트〉의 감독은 이제 겨우 열여섯 살짜리 소년이었다. 아버지에게서 영화제작비 400달러를 빌려 〈파이어라이트〉를 찍었고, 상영 수익금으로 부채를 모두 갚고도 100달러의 이득을 남긴 소년 감독의 이름은 스티븐 스필버그Steven Spielberg, 바로 미국 영화계의 거장이자 20세기 최고의 영화감독이다.

스티븐 스필버그는 어릴 때부터 지독한 영화광이었다. 부모님께 코닥 8mm 카메라를 선물로 받은 열두 살 때부터 짧은 영화를 찍기 시작했고, 열여섯 살에는 〈파이어라이트〉를 제작 및 유료 상영을 했으며, 성년이 된 뒤에는 유니버설 스튜디오를 들락거리며 무급 인턴에서 TV 영화감독, 극장용 영화감독으로 성장했다. 그리고 마침내 1975년 〈죠스Jaws〉로 세계적인 흥행감독으로서 위상을 획득했다.

이후 스티븐 스필버그는 승승장구했다. 〈인디애나 존스Indiana Jones〉 시리즈와 〈E.T.〉 〈쥬라기 공원Jurassic Park〉 등 최고의 흥행작을 쏟아냈다. 상업 어드벤처 영화뿐만 아니라 진중한 주제와 뛰어난 작품성을 자랑하는 영화를 감독하기도 했다. 〈컬러 퍼플The Color Purple〉 〈태양의 제국Empire of the Sun〉 〈쉰들러 리스트Schindler's List〉 〈라이언 일병 구하기Saving Private Ryan〉 등이 그렇다. 특히 〈쉰들러 리스트〉는 스티븐 스필버그에게 아카데미 감독상을 안겨준 대표작이다.

스티븐 스필버그의 강점은 작품성과 흥행성 둘 다 놓치지 않는다는 것이다. 그는 막대한 자본이 오가는 영화계에서도 손꼽히는 최고의 흥행감독이자, 날카로운 비평의

날을 세우는 영화제 심사위원을 만족시키는 똑똑한 영화 감독이다. 무엇보다 전 세계 수많은 관객의 마음을 들었다 놓았다 하는 천재 감독이다. 그 덕분에 스티븐 스필버그는 《타임The Times》지에서 뽑은 '20세기의 가장 중요한 인물 100인'에 선정되었으며, 현재까지 그가 감독한 영화의 총 수입은 영국 영화잡지 《엠파이어Empire》 추산 127억 달러에 육박한다.[3] 그리고 2001년에는 영국에서 KBE(Knight Commander of the Order of the British Empire) 훈장을 받았다. KBE 훈장은 영국 여왕이 수여하는 명예 기사 작위 서훈이다.

1946년생으로 이제 칠순을 바라보는 나이이지만, 스티븐 스필버그는 여전히 왕성한 활동을 보이고 있다. 〈마이너리티 리포트Minority Report〉 〈캐치 미 이프 유 캔Catch Me If You Can〉 〈인디애나 존스 4〉 등이 직접 감독한 작품이고, 〈트랜스포머Transformers〉 〈맨인블랙Man in Black〉 등이 제작을 맡은 작품이다. 이처럼 스티븐 스필버그는 끊임없이 우리에게 주옥같은 영화를 선보이며 지치지 않는 노익장을 자랑한다. 이제 세계 영화를 논할 때 빼놓을 수 없는 거장, 스티븐 스필버그. 그와 그의 작품에 대한 평가는 둘째로 치고, 스티븐 스필버그가 누구보다도 영화에 해박하고 영화를 잘 만드는 사람이라는 데에는 이견이 없으리라.

만약 스티븐 스필버그가 영화를 만들지 않고 다른 일을 했더라면 어떻게 되었을까? 물론 영화를 찍지 않더라도 다른 일을 하며 착실히 삶을 꾸려나갔을 터, 하지만 다른 일에서도 영화처럼 반짝이는 재능을 보였을지는 장담할 수 없다. 아니, 오히려 남들보다 뒤처지고 성과가 부진하여 쩔쩔맸을지도 모를 일이다. 미국 NBA에서 '농구의 신', '레전드'로 불리는 마이클 조던Michael Jordan을 생각해 보자. 마이클 조던은 농구 코트에서 타의 추종을 불허하는 탁월한 기량을 뽐내지만, 야구의 마이너리그에서는 별 볼일 없는 그저 그런 선수에 불과했다. 그 이유는 마이클 조던이 농구에 뛰어난 재능, 즉 농구에 특화된 비교우위를 점하고 있기 때문이다.

스티븐 스필버그 역시 마찬가지다. 스티븐 스필버그는 다른 사람에 비해 영화에 특화된 비교우위를 가지고 있으며, 어린 시절부터 빛을 발한 재능이 이를 뒷받침한다. 만약 스티븐 스필버그가 영화감독이 아닌 다른 직업을 가졌더라면? 우리는 〈E.T.〉를 보고 눈물을 흘릴 수도, 〈쉰들러 리스트〉를 보며 소름 끼치는 감동을 받을 수도 없었으리라. 그렇기에 스티븐 스필버그가 영화감독이 된 것은 마이클 조던이 농구선수가 된 것과 마찬가지로 '신의 한 수'이자 '비교우위의 승리'이다.

다 같이 죽자는 곡물법의 뼈아픈 교훈

경제학에서 비교우위란 재화나 서비스를 다른 생산자에 비해 더 적은 기회비용으로 생산할 수 있는 것을 의미한다. 즉 남들과 비교했을 때 상대적으로 경쟁력이 있다는 뜻이다. 비교우위의 개념을 처음으로 정립한 사람은 영국의 경제학자 데이비드 리카도David Ricardo이다. 리카도는 당시 영국의 곡물법Corn Law을 반대하고, 자유무역을 주장하면서 그 근거로 비교우위론을 들었다.

곡물법은 1815년에 영국에서 시행된 법으로, 외국에서 수입되는 농산물 수입 금지와 밀에 관세를 부과해 일정 가격 이상으로 거래하도록 강제하는 내용을 골자로 한다. 곡물법에 따르면, 밀 1쿼터(약 12.7kg)당 80실링 이하인 경우에는 외국산 밀의 수입이 금지되었고 법으로 지정한 금액보다 싸게 수입할 수 없었다. 당연히 영국 국민은 법으로 정해진 가격 이상을 주고서야 겨우 곡물을 살 수 있었다. 즉, 곡물법은 영국 정부가 외국의 값싼 곡물에 맞서 자국 내 곡물가격을 유지하고 자국의 농업을 보호하겠다며 시행한 법으로 일종의 보호무역이었다.

하지만 곡물법은 제정 이후 영국 내에서도 많은 논란을 야기했다. 당시 영국은 산업혁명이 진행되며 인구가 폭발적으로 증가한 상황이었다. 더욱이 나폴레옹 전쟁(1803~1815년)으로 곡물 수요가 극도로 높아져 있었다. 그런 와중에 외국산 곡물이 제대로 수입되지 않으니, 영국 내 곡물의 가격은 천정부지로 치솟았다. 나폴레옹 전쟁 전에는 밀 1쿼터당 가격이 46실링 수준이었지만 나폴레옹 전쟁 중에는 177실링까지 올랐다. 그러다 나폴레옹 전쟁이 끝나자 60실링까지 내리기는 했으나 곡물법의 시행으로 여전히 전쟁 발발 이전보다는 높은 가격 수준을 유지하고 있었다. 따라서 영국 국민은 지주와 농업 자본가들을 위해 비싼 돈을 주고 빵을 사 먹어야 했고, 곡물법은 이들 지주와 농업 자본가들의 이득을 가장 확실히 챙겨 주는 정치적 수단으로 작용했다.

데이비드 리카도는 영국 국민 대부분을 착취하고 소수에게만 그 혜택을 몰아주는 곡물법에 몹시 분개했다. 데이비드 리카도는 곡물법이 자유무역을 통해 싼 값에 곡물을 살 권리를 박탈함으로써, 임금 노동자와 임금 노동자를 고용하는 산업자본가들을 동시에 괴롭힌다고 보았다. 밀 가격이 오르면 임금 노동자들은 빵 한 조각을 사기도 부담스러워 했고, 이는 산업자본가에게 노동자의 임금 인상이라는 부담으로 작용하게 되기 때문이다. 결국 산업자본가들은 자신들의 이윤이 낮아지면서 고용과 투자를 줄일 수밖에 없고, 곡물법의 인위적인 가격 제한은 영국의 산업발전과 경제성장을 저해하는 부작용을 낳았다.

자국의 산업을 보호하기 위해 만든 법이 실제로는 사회분열을 일으키고 경제발전을 가로막다니, 이야말로 벼룩 잡겠다고 초가삼간 태우는 격이 아니고 무엇이겠는가. 따라서 영국 내에서도 데이비드 리카도를 포함하여 곡물법을 반대하고 폐지를 주장하는 이들이 많았다. 물론 의회에서는 기득권층의 이익을 위해 번번이 곡물법 폐지를 부결시키고 유지시키려 안간힘을 썼다. 하지만 1845년 이후

아일랜드 대흉작으로 수많은 사람이 굶어 죽자 결국 곡물법은 폐지되고 말았다. 때는 1846년, 무려 30여 년이 넘는 세월 동안 소수를 위해 다수가 희생되어야 했던 것이다.

곡물법 폐지 이후 영국은 대부분의 분야에서 무역을 자유화했다. 데이비드 리카도의 비교우위론대로 비교우위에 입각한 자유무역이야말로 가장 효율적인 경제 운영 방법이라고 생각한 덕분이다.

자유주의 경제학자인 루트비히 폰 미제스Ludwig von Mises는 비교우위에 관한 재미있는 말을 남겼다. 스위스에서 밀을 가장 저렴하게 생산하는 방법은 '시계'를 제조하는 일이라는 것이다. 이는 스위스가 비교우위를 가진 시계를 만들어 밀의 대량생산국인 캐나다에 수출하는 게 가장 경제적이기 때문이다. 서로 상대적인 우위 즉, 비교우위를 가진 분야를 통해 자유무역을 하는 일은 모두를 이롭게 할 수 있다.

잘하는 일을 모두 할 수는 없다

쉬운 예로 골프 천재 타이거 우즈Tiger Woods[4]를 생각해 보자. 타이거 우즈는 어린 시절부터 잔디 위에서 많은 시간을 보냈다. 골프 연습을 하면서 수없이 잔디와 씨름했고, 골프를 잘 치기 위해 잔디의 상태를 파악하는 데 도가 텄으리라. 하지만 그렇다고 해서 타이거 우즈가 골프경기가 아니라 잔디 깎기에 더 경쟁력이 있다고 할 수 있을까?

타이거 우즈네 집 마당의 잔디를 깎아야 할 일이 생겼다. 이때 타이거 우즈가 자신이 원하는 수준으로 잔디를 깎는 데 2시간이 걸린다고 가정해 보자. 반면 동네 잔디 깎기 아르바이트생은 4시간이 걸린다. 과연 누가 잔디를 깎는 게 좋을까? 타이거 우즈가 잔디를 깎는 편이 더 이득이라 생각할 수 있다. 하지만 타이거 우즈는 잔디 깎기 외에도 자신이 더 잘할 수 있는 일이 존재한다. 잔디 깎기 일은 아르바이트생에게 맡기고 타이거 우즈는 광고에 출연하거나 골프 꿈나무들의 골프 레슨을 통해 더 많은 돈을 벌 수 있다. 타이거 우즈가 스스로 잔디를 깎아서 발생하는 기회비용을 줄일 수 있게 되기 때문이다. 타이거 우즈가 골프도 잘 치고 잔디도 더 잘 깎는다고 해서, 두 가지 일 모두를 타이거 우즈가 해야 할 필요는 없다는 말이다. 오히려 타이거 우즈가 잔디 깎기를 직접 하지 않고 아르바이트생에게 맡기고 자신은 다른 일에 매진하는 편이 아르바이트생과 타이거 우즈 둘 다 큰 이득을 얻을 수 있는 방법이다.

　이처럼 비교우위를 통한 자유거래는 모두에게 이익이 되는 결과를 가져다 줄 수 있다. 시장경제에서는 모든 면에서 약자라고 하더라도, 비교우위를 통해 자연스레 거래를 맺고 이익을 얻을 수 있다. 시장경제는 비교우위를 통해 강자가 모든 것을 독식하는 것이 아니라, 서로 어울려 살아갈 수 있도록 한다.

제 2 장

'보이지 않는 손'이
경제를 움직인다

지식의 한계를 해소해 주는 시장가격

가격 상승이 부족함을 줄인다

프랑스혁명 때문에 우유를 못 먹게 되었다고?

지옥으로 가는 길은 선의善意로 포장되어 있다.

- 서양 격언 -

지식의 한계를
해소해 주는 시장가격

가격은 모든 정보를 담고 있다

당신이 자동차를 구매한다고 생각해 보자. 정말 다양한 종류의 자동차 가운데 당신에게 딱 맞는 자동차를 어떻게 선택하겠는가? 우선, 당신의 라이프스타일에 맞는 기능과 디자인을 고려할 것이다. 그리고 당신의 자동차 구매 예산에 맞추어 자동차의 가격대를 살피고, 최종적으로 가장 적당한—당신이 살 수 있는—가격의 자동차를 선택할 것이다. 이때 가격은 자동차 구매에 결정적인 요인으로 작용한다.

가격이란 무엇일까? 사전에서는 가격을 "물건이 지니고 있는 가치를 돈으로 나타낸 것"이라 정의한다. 그렇다면 가격은 과연 무엇을 기준으로 어떻게 결정되는 것일까? 자동차만 해도 저마다 가격이 다르고, 심지어 같은 자동차라고 해도 판매되는 지역에 따라 가격이 달라진다. 쉽사리 가늠되지 않는 가격 결정의 기준이 무엇일지 생각할수록 자못 궁금하다.

사실 가격을 결정하는 데에는 생각보다 많은 요인이 작용한다. 자동차 판매량, 인기 차종, 해외 자동차 판매량, 철 가격의 변동, 운송비의 변동, 고무 가격의 변동, 소비자 수요의 변화, 트렌드의 변화, 재고의 수량, 정부의 정책, 기후의 변화 등 수많은 정보가 필요하다. 하지만 그 누구도 모든 정보를 가지고 있을 수 없으며, 설사 가지고 있다고 해도 그 많은 정보를 바탕으로 합리적인 가격을 결정할 수는 없다. 자동차를 만드는 기업도, 구매하려는 소비자도, 자동차 중개인도 모든 정보를 고려하는 건 불가능하다. 다만, 단계별로 정보를 파악하고 분야별 가격을 알아볼 수 있다. 이를테면 기후의 변화에 따라 고무의 생산량이 변하고 고무

가격에 변동이 생기면 자동차의 생산단가에도 영향을 미친다. 자동차 가격은 이러한 자동차 생산단가의 변화에 따라 탄력적으로 반응하기 마련이다. 이처럼 각각의 정보가 단계별로 가격에 반영되면서 최종 가격이 결정된다.

사실 우리는 모든 단계의 정보를 알 수도 없거니와 알 필요도 없다. 자신이 원하는 물품 혹은 단계의 가격 추이를 보는 것만으로도 충분하다. 시장에서 거래되는 재화와 서비스의 모든 정보를 반영한 결과가 곧 가격이기 때문이다.

따라서 자동차 업체는 자신들이 자동차를 만들 때 필요한 생산비용만 고려하면 되지, 굳이 철광석 산지나 고무 산지의 가격을 결정하는 요인을 신경 쓸 필요는 없다. 소비자 역시 자동차 가격만 고려하면 된다. 최신 모델과 직전 모델의 가격 비교를 하는 것만으로도 합리적인 결정이 가능하다.

비단 자동차뿐만 아니라 우리는 우리가 필요로 하거나 마음에 드는 물건을 살 때나 서비스를 이용할 때에 가격을 중요한 기준으로 삼는다. 다른 상품과 가격을 비교하며 구매 의사를 결정하고, 대략적인 시세 파악이 가능하다. 이는 가격에 이미 시장의 수도 없이 많은 정보가 종합적으로 모이고 응축되어 있기 때문이다. 그렇기에 우리는 가격만 놓고도 충분히 시장의 모든 정보를 꿰뚫으며 가장 합리적인 경제활동을 할 수 있는 것이다.

가격의 힘

시장은 자율적으로 균형을 이루며 가격을 결정한다. 앞서 가격은 우리가 일일이 알기 어려운 수많은 정보를 반영하며 결정된다고 했다. 그렇다면 가격은 어떤 원리로 시장에 참여하는 주체들의 만족도가 가장 높은 지점에서 형성될 수 있을까?

애덤 스미스는 '보이지 않는 손'을 가격 형성의 주요 원리로 꼽았다. '보이지 않는 손'이란 '자연스러운 시장의 질서', 즉 '수요와 공급에 따라 자연스럽게 가격이 결정되는 원리'를 뜻한다. 이것을 경제에서는 '수요와 공급의 법칙'으로 정리한다. '수요'란 어떤 상품을 사려고 하는 욕구이고, '공급'이란 어떤 상품을 팔고자 하는 의지나 계획이다. 수요와 공급의 법칙은 가격의 변화와 수요량 및 공급량의

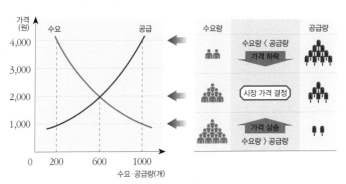

수요와 공급의 곡선　　　**수요와 공급과 가격 결정 관계**

변화 간 관계를 설명하는 법칙이다.

　자, 생각해 보자. 어떤 상품의 수요가 늘어나서 공급보다 많아지면 가격이 올라간다. 자연히 공급량이 늘고 수요량이 줄어들게 된다. 그러다 공급이 수요보다 많아지면 가격이 낮아지면서 공급량이 줄고 수요량이 늘어난다. 이렇게 공급과 수요에 따라 가격이 변하면서 시장은 스스로 공급량과 수요량이 일치하여 균형을 이루는 지점, 즉 '균형가격'을 찾는다. 국가나 기관 등이 끼어들어서 참견하지 않아도 시장의 소비자들이 추구하는 이익에 따라서 시장의 균형을 이루어 낸다. 마치 보이지 않는 손이 시장을 적절한 상태로 조정하고 있는 듯 보인다.[5]

수요와 공급의 법칙은 개개의 경제 주체에게 조각조각 흩어져 있는 정보가 시장 안에 모이고 조합되며 가격에 반영될 수 있게 한다. 이는 결코 사람이 인위적으로 계산하거나 조정할 수 있는 수준의 것이 아니다. 만약 누군가가 인위적으로 가격을 결정하고 통제하려 한다면, 정보의 누락에 따른 시장 왜곡을 야기하고 나아가 경제를 마비시킬 수도 있다.

실례로, 1990년대 후반에 의료대란[6] 위기가 닥친 적이 있었다. 당시 우리나라는 IMF 등의 여파로 인해 환율이 급상승하면서 핵심 의료용품의 가격이 크게 올랐다. 자연히 의료용품 수입업자들은 환율에 따라 이전보다 비싸게 의료용품을 수입해야 했고, 기존과 동일한 가격으로 납품할 수 없게 되었다. 하지만 환율 상승과 원가 상승 요인이 국내 의료용품 가격에 반영되지 않으면서 병원과 의료용품 수입업자 사이에 마찰이 발생되었다. 합리적인 가격 거래가 이루어지지 않으니 정상적인 의료용품 수입 및 공급이 가능할 리 없었다. 병원과 의료용품 수입업자가 가격을 놓고 실랑이를 벌이는 동안 의료용품 수입 및 공급에 차질이 생기면서 치료에 필수적인 용품이 동나는, 그야말로 웃지 못할 상황까지 발생하고 말았다!

의료대란의 위기를 극복한 비책은 가격이었다. 품목별 비용 상승의 요인을 반영하여 가격을 일제히 인상한 것이다. 그러자 놀라운 일이 벌어졌다. 의료용품들이 생산 원가와 환율이 적용된 가격으로 시장에 유통되면서 공급이 원활해졌다. 병원도 의료용품의 가격 인상분을 반영하여 환자들에게 공급했다. 그 덕분에 걱정했던 의료용품의 부족도, 서비스의 질적 하락도 발생하지 않을 수 있었다.

이처럼 인위적인 가격 통제가 아니라 시장의 수요와 공급에 따라 가격을 인상함으로써 모두가 우려했던 의료대란의 위기는 자연스럽게 해소되었다. 놀랍지 않은가? 병원과 의료용품 수입업자에게 협조 요청과 행정 지도를 하지 않아도, 오로지 시장가격만으로 가장 합리적이고 효율적이며 최선인 결과를 이끌어냈으니 말이다.

가격 상승이
부족함을 줄인다

2005년 연탄 가격 동결이 가져온 맹추위[7]

가스보일러와 기름보일러가 보편화된 지금도 연탄은 일부 서민의 겨울나기에서 중요한 위치를 차지하고 있다. 특히 저소득층에서는 넉넉한 연탄장이야말로 따뜻한 겨울맞이의 우선 조건이다. 그래서 겨울이면 각종 사회단체에서 저소득층의 월동 준비 지원을 위한 연탄 나눔 사업을 벌이곤 한다. 까만 연탄을 옮겨다 나르는 손길도 본격적인 겨울 추위에 앞서 분주해진다.

그런데 이 서민들의 겨울나기에서 가장 대표적인 필수 아이템 연탄 공급에 비상등이 켜진 적이 있었다. 때는 2005년 12월, 1973년 이후 가장 추운 겨울이었으나 시중에 유통되는 연탄의 양이 턱없이 적었다. 그 이유는 연탄의 생산량이 적었기 때문이다. 연탄의 재료가 되는 석탄이 부족해서? 아니다. 오히려 석탄은 남아돌았다. 연탄 부족 현상의 진짜 이유는 정부가 정한 '연탄값 동결'이었다. 정부는 서민 에너지로 전락한 연탄의 가격을 낮게 유지하기 위해 최고가격을 정해 놓았다. 2005년에 연탄 한 장의 소비자가격은 540원이었으며 그중 356원을 정부가 보조금으로 지급했다.

하지만 연탄 가격이 너무 낮다 보니 보조금과 상관없이 연탄의 생산이 줄어들었다. 생산업체들이 연탄의 수익성이 떨어진다고 판단하여 생산량을 줄였기 때문이다. 아무리 정부 보조금을 받는다고 해도, 연탄 한 장당 540원이라는 가격은 터무니없이 낮았다. 인건비, 수송비, 토지 사용료, 이자비용 등을 고려하면 연탄 생산자의 이윤이 거의 없는 수준이었다. 결국 연탄 생산자는 연탄이 아니라 다른 제품 생산으로 전환하거나 아예 연탄 공장의 문을 닫아버렸다. 그러니 시중에 연탄이 부족할 수밖에 없지 않겠는가?

연탄 수요 대비 공급의 하락은 유례없는 연탄 부족 현상을 야기했다. 이는 시장의 원리를 무시하고 인위적으로 연탄 가격을 통제한 탓이다. 겨울철 연탄 수요의 증가에 따라 공급이 증가하면서 수요와 공급이 균형을 이루는 지점에서 자연스럽게 가격이 형성되었더라면 아무 문제가 없었을 것이다. 하지만 수요와 공급의 법칙을 무시한 채 무턱대고 연탄 한 장의 가격을 540원으로 묶어 놓는 바람에 공급의 축이 무너져 버렸고, 결과적으로 연탄을 구하고 싶어도 구하지 못해 부득불 추위에 떨어야 하는 사람들만 잔뜩 생겨나고 말았다.

2005년의 연탄 부족 현상은 결국 정부를 움직였다. 시장원리를 무시하고 가격을 제한하던 정부는 입장을 바꿔 2006년 2월 '연탄값 자율화' 계획을 세웠다. 최고가격으로 제한하던 연탄값을 단계적으로 인상해 시장의 왜곡을 해소하기로 한 것이다. 연탄값 자율화 정책이 시행되자 점차 연탄 공급량은 증가했고 연탄을 구하지 못해 추위에 떨어야 하는 사람도 줄어들었다. 수요와 공급이라는 아주 간단한 시장경제 원리에 따른 연탄값 자율화 정책이 자연스럽게 수요와 공급의 균형을 이룬 덕분이다.

이는 비단 연탄만의 문제는 아니다. 어떠한 재화나 서비스도 시장에서 수요와 공급의 법칙에 따라 가격 결정이 이루어지면 합리적인 생산과 소비, 분배가 가능하다. 그리고 연탄 부족 현상과 같은 사태는 애초에 일어나지 않게 된다.

시장 왜곡의 비극, 로마 물가통제법[8]

가격은 여러 요인에 따라 끊임없이 변하기 때문에 오직 시장에서의 수요와 공급에 따를 때라야만 가장 합리적으로 결정될 수 있다. 생산비용 상승 등 여러 요인을 무시한 채 임의로 가격을 제한하는 정책은 시장경제를 왜곡시키고 모든 경제 주체를 불황으로 밀어 넣는다.

과거 광활한 제국을 건설했던 로마 역시 마찬가지였다. 로마의 디오클레티아누스Gaius Aurelius Valerius Diocletianus 황제는 시민의 생활을 개선하려면 우선 물가를 안정시켜야 한다고 생각했다. 그는 일용품과 시장거래 물품의 값이 너무 높고, 독점 상인들 때문에 군사용 식량공급마저 차질을 빚는다고 판단했다. 따라서 디오클레티아누스 황제는 물가 안정을 위해 물가통제법을 발표했다. 소고기, 계란, 의

류 등의 물품 가격을 일정 가격 이상으로 올리지 못하도록 제한했고 교사, 변호사, 재단사, 의사 등의 임금에 상한선을 정했다. 약 700~800개의 항목에 가격상한선이 적용되었으며 이를 어길 시에는 사형에 처한다는 엄포를 놓았다.

이렇게 해서 디오클레티아누스 황제는 과연 자신이 원하는 결과를 얻었을까? 물가통제법 시행 이후 로마 전역에 물자 부족 현상이 일어났다. 물가통제법으로 정당한 가격 거래가 원천 봉쇄되자 어느 누구도 시장에서 거래하려고 하지 않았다. 곡물을 비롯한 식품조차 내다파는 사람이 없었다. 물가통제법으로 정상적인 가격을 받지 못하는데, 어느 누가 손해를 보고 물품을 팔려고 하겠는가?

시간이 지날수록 물자 부족 현상은 심해졌고, 사람들은 사소한 일에도 심하게 다투고 급기야 유혈 사태까지 벌어졌다. 디오클레티아누스 황제는 깜짝 놀랐다. 시민 모두가 안정적으로 잘살 수 있도록 시행한 물가통제법이 오히려 사람들을 헐벗고 굶주리게 할 뿐만 아니라 로마 사회 전체를 분열시키고 있었다! 결국 디오클레티아누스 황제는 자신이 명령한 물가통제법 자체를 폐기하고, 가격 결정을 다시 시장의 원리에 맡길 수밖에 없었다.

이처럼 아무리 선량한 의도를 앞세운다 하더라도, 절대 권력자조차도 강제적으로 가격을 제한하고 조정할 수는 없다. 가격이 합당한 수준보다 낮은 수준으로 제한될 경우 부족 현상이 생길 수밖에 없고, 반대로 가격이 인위적으로 높은 수준으로 통제되면 물품이 남아도는 잉여 현상이 발생한다. 오로지 시장의 가격기구만이 자연스럽게 부족하거나 남아도는 현상을 근본적으로 해결할 수 있는 '균형'을 찾을 수 있다. 부족 현상이 발생하면 가격이 올라가 수요량은 줄고 공급량은 늘어 절충점을 찾게 된다. 반대의 경우도 동일하다. 설령 부족과 잉여의 문제가 생긴다고 하더라도, 적정 가격을 통해 곧 문제를 해결하고 모두를 만족시킬 수 있는 균형 상태를 찾는다.

하지만 인위적인 통제가 개입하는 순간, 시장의 가격기구가 제 기능을 잃는다. 지나치게 낮거나 높게 강제된 가격은 시장의 균형을 무너뜨리고, 시장을 왜곡시켜 사회 경제를 마비시킨다. 로마의 디오클레티아누스 황제가 시행한 물가통제법이야말로 가장 확실한 증거이다.

프랑스혁명 때문에
우유를 못 먹게 되었다고?

좋은 의도가 나쁜 결과를 가져오기도 한다

인도의 정신적 지도자 마하트마 간디Mahatma Gandhi는 자주 이렇게 말했다고 한다.

"지옥으로 가는 길은 선의善意로 포장돼 있다."

이 말은 로마 시대부터 전해져 오는 유명한 서양 격언이다. 설령 좋은 의도로 시작했을지라도 그 일의 결과는 의도와 반대로 나쁠 수도 있다는 뜻을 담고 있다. 역사상 좋은 의도로 시작했다가 더 큰 비극을 불러온 경우가 얼마나 많은가. 특히 먹고사는 문제와 직접적으로 연관된 경제에서 근시안적인 '선의'는 심각한 폐해를 입히기 일쑤이다.

18세기 프랑스 혁명 직후에도 선의의 피해가 발생한 적이 있었다. 프랑스 혁명을 이끌었던 로베스피에르Maximilien de Robespierre는 "모든 프랑스 아이는 우유를 마실 권리가 있다"고 말하고 실제로 우유 가격을 내리도록 지시했다. 프랑스 국민을 위해 물가를 안정시키고, 성장기 아이들이 영양만점 우유를 양껏 먹을 수 있게 하려는 뜻이었다. 로베스피에르의 우유 가격 인하는 순수한 선의에서 나왔고, 그것에 대해서 누구도 이견을 제시할 수 없었다. 그러나 그 결과는 선의와 정반대로 나타났다.

물론 단기적인 효과는 있었다. 공포정치로 악명이 높았던 로베스피에르의 명령을 어길 만큼 간이 큰 우유 상인은 없었고, 우유 가격이 하락하면서 서민 경제에 큰 도움이 되는 듯했다. 하지만 우유 가격 하락의 효과는 얼마 가지 못했다. 진짜 문제는 우유 가격보다 소고기 가격이 하락하면서 시작되었다. 혹자는 소고기 가격이 내리면 소고기를 싸게 먹을 수 있으니 좋은 게 아니냐고 반문할 것이다. 그러나 실상은 다르다. 가격 하락의 주인공은 육우가 아니라 젖소였고, 농민들이 우유의 수익성이 떨어진다고 판단하여 젖소를 내다팔기 시작한 것이 바로 소고기 가격 하락의 전말이다. 이처럼 너도나도 젖소를 팔아치우다 보니 젖

소의 개체 수가 크게 줄어들었고, 당연히 우유의 공급량도 줄어들었다. 수요는 있는데 공급이 줄어들면 어떻게 되겠는가. 그렇다, 가격이 폭등한다! 정말 우유 가격은 폭등했고, 로베스피에르가 우유 가격 인하를 명령하기 전보다 훨씬 비싼 가격으로 거래되었다.

문제는 여기서 끝이 아니었다. 로베스피에르는 농민들이 젖소를 키우지 않으려는 이유가 바로 '건초'의 가격이라는 사실을 알아냈다. 소의 먹이로 사용되는 건초는 가격이 워낙 비싸 농민들에게 큰 부담이었다. 그래서 저렴한 가격으로 우유를 판매하면, 우유를 생산할수록 손해를 볼 수밖에 없고 그렇게 되면 비싼 건초 가격을 감당하지 못하므로 차라리 젖소를 내다파는 쪽이 더 나았다.

이쯤이면 다들 눈치 챘으리라. 로베스피에르가 그다음으로 명령한 것은 건초 가격의 인하였다. 로베스피에르는 건초 가격을 내리면 농민들이 저렴한 가격으로 우유를 생산히어 판매한 수 있다고 생각했다. 과연 로베스피에르 생각대로 우유 가격이 안정화되고 프랑스 국민 누구나 마음껏 우유를 먹을 수 있게 되었을까?

천만의 말씀이다. 안타깝게도 로베스피에르의 의도와

는 전혀 반대로 우유는 귀족과 부르주아만이 먹을 수 있는 고가 음식이 되어 버렸다. 그 이유는 건초 가격을 내리라는 명령을 받은 건초 업자들이 건초를 모조리 불태워버렸기 때문이다. 손해를 볼 바에야 차라리 팔지 않겠다는 것이다. 손해를 보면서 우유를 생산할 바에야 차라리 젖소를 내다팔겠다는 농민들과 똑같은 생각이었으리라.

결국 우유 가격은 상상조차 할 수 없을 만큼 비싸졌다. 저소득층뿐만 아니라 중산층조차 우유를 사 먹을 엄두를 낼 수 없었다. 오죽하면 우유를 거래하는 암시장까지 생길 정도였다.

로베스피에르의 우유 가격 인하 정책의 실패는 선의의 정책이 어떻게 최악의 결과를 가져올 수 있는지를 극명하게 보여주는 사례이다. 만약 로베스피에르가 인위적인 가격 통제가 아니라 시장의 원리를 따랐다면 어떻게 되었을까? 적어도 당시 우유가 귀족이나 부르주아만이 먹을 수 있는 고가 음식이 되지는 않았을 것이다.

해마다 말썽을 부리는 전기 수급 문제[9]

프랑스의 우유 사태와 비슷한 문제가 우리나라에서도 빈번하게 발생하고 있다면 믿을 수 있겠는가. 해마다 말썽을 부리는 전기 수급 문제가 대표적이다. 2011년 9월 15일 사상 초유의 대규모 정전 사태가 발생했다. 이유는 간단했다. 전기가 부족하자 한국전력공사에서 아무런 예고 없이 일부 지역의 전기를 강제 차단했기 때문이다. 아무도 정전에 관한 사전 예고를 듣지 못한 터라 그야말로 난리가 났다. 어떤 이는 엘리베이터에 갇혔고, 거리 신호등이 갑자기 멈추어 교통이 혼잡해졌다. 공장이 멈추고, PC방을 비롯한 가게 영업에 차질이 생겼다. 어떤 사람은 북한의 공격이라며 호들갑을 떨기도 했다.

사실 9·15 대정전 사태에서 한국전력공사가 급박한 전력난 상황에 제대로 대처하지 못한 책임은 피할 수 없다. 이와 관련하여 법원이 정부와 한국전력공사의 손해배상 책임을 인정한 바 있다.

그러나 2011년 9월 15일 이후로도 우리나라는 여전히 극심한 전력난에 시달리고 있다. 근본적인 해결책을 마련하지 않고, 해마다 블랙아웃을 걱정하며 전 국민에게 전기를 아껴 쓰라는 말만 앵무새처럼 되풀이할 뿐이다. 도대체 왜 이런 일이 해마다 지긋지긋하리만치 반복되는 것일까? 한국전력공사의 무책임과 도덕적 해이가 문제일까?

아니다. 가장 근본적인 문제는 전기 가격이다. 우리나라 전기 요금은 다른 나라에 비해 매우 낮은 편이다. 정부에서 전기는 공공의 성격을 가지고 있다고 판단해 전기 가격을 제한하고 있기 때문이다. 우리나라의 전기요금은 원가에도 미치지 못하는 수준에서 형성돼 있다. 오죽하면 일본 소프트뱅크SoftBank의 대규모 데이터 센터를 우리나라에 짓겠다고 하겠는가.

이처럼 정부가 전기 가격을 임의로 낮은 수준으로 제한하는 것은 시장 원리에 위배된다. 당연히 시장 왜곡이 일어날 수밖에 없다. 전기요금이 싸니까 사람들은 전기 제품을 많이 사용한다. 물론 전기를 대체할 수 있는 에너지원이 없는 것은 아니다. 이를테면, 기름이나 가스 등을 대체 에너지로 이용할 수 있다. 그러나 이들은 전기에 비해 상대적으로 가격이 비싸서 실제로 대체 에너지로 이용되기 힘들다. 지나치리만치 싼 전기 가격은 사람들이 생활 전반에 걸쳐 다양한 전기제품을 이용하게 했고, 결과적으로 해마다 반복되는 전기 수급의 문제를 초래한 셈이다. 물론 현재 전기 누진제를 통해 지나친 전기 사용을 제한하고자 하지만, 근본적인 대책이 되기에는 역부족이다. 현재 정부의 전기 가격 제한을 풀고 시장원리에 맡기는 것이야말로 고질적인 전기 수급 문제를 근본적으로 해결할 수 있는 유일한 방책이라는 사실을 깨달아야 한다.

제 3 장

시장은 어떻게
인간의 욕망을 충족시킬까

인간은 왜 늘 부족하다고 느낄까?

사람은 언제 지갑을 열까?

무엇을 선택하느냐, 그것이 문제로다

같은 1실링이라도
여러 사람에게 가져다주는 쾌락은 모두 다르다.

- 알프레드 마샬, 『경제학 원리』 -

인간은 왜 늘 부족하다고 느낄까?

인간의 욕망과 희소성의 상관관계

14~17세기 유럽에서 황금보다 비싼 보석은 단연 라피스라즐리[10]였다. 청금석이라고도 불리는 라피스라즐리는 당시 울트라마린 색상의 물감을 만드는 원료로 사용되었다. 특히 아프가니스탄 바다흐샨 샤르샤흐 지역에서 생산되는 라피스라즐리는 선명하고 아름다운 색상으로 인기가 높았을 뿐만 아니라 희귀하기까지 하여 더욱 비싼 가격에 거래되었다. 수요에 비해 공급이 부족하면 희소성의 가치가 더해지고, 가격은 천정부지로 치솟기 마련이다. 그 덕분에 당시 사람들에게 라피스라즐리는 황금이나 다이아몬드 이상으로 사람들에게 희소가치를 지닌 자원이었다.

하지만 18세기 이후 화학산업이 발달하면서 상황이 바뀌었다. 인공적으로 울트라마린 색상의 물감을 만들 수 있게 된 것이다! 저렴한 가격으로 울트라마린 색상의 물감을 생산하게 되자 더는 사람들이 라피스라즐리를 비싸게 살 이유가 없어졌다. 자연히 라피스라즐리의 수요가 급감했고, 여전히 라피스라즐리는 희귀하지만 더는 희소하지 않은 자원이 되었다.

이처럼 희소성이란 굉장히 상대적인 개념이다. 라피스라즐리의 사례에서도 확인할 수 있듯 단순히 생산량의 많고 적음으로 희소성의 가치를 따질 수는 없다. 그 이유는 희소성이란 인간의 욕구에 직접적으로 영향을 받는 가치이기 때문이다.

사람이라면 누구나 물건에 대한 욕심을 갖고 있다. 새로운 물건이 나오면 사고 싶고, 주변 사람이 가진 것이 멋져 보이면 자신도 갖고 싶다는 마음이 생긴다. 욕심이란 인간에게 너무도 당연한 본능이며, 누구나 더 좋은 물건을 갖고 싶어 한다.

예를 들어, 애플Apple의 신제품이 출시될 때를 생각해 보자. 으레 많은 사람이 남들보다 한 발 빠르게 애플의 신제품을 손에 넣기 위해 출시 첫날, 길게 줄을 선다. 극성스러운 사람은 노숙을 마다하지 않을 정도의 열정을 보이기도 한다. 이들에게는 애플의 신제품을 '가장 먼저 사용'하는 데에서 희소성의 가치가 있다고 할 수 있다.

또 다른 예로, 미국 블리자드Blizzard 사의 게임 〈디아블로 Diablo 3〉 한정판 발매가 있다. 〈디아블로 3〉는 전 세계적으로 인기 높은 게임 시리즈로 〈디아블로 2〉 발매 이후 10년 만에 발매되는 초기대작이었다. 많은 디아블로 팬들이 광분했고, 특히 한정판에만 들어 있는 여러 아이템은 초미의 관심사로 떠올랐다. 그리고 발매 전날부터 500명 이상이 행사장 앞에서 줄을 서는 기염을 토했다. 디아블로 팬들에게 〈디아블로 3〉 한정판은 그 무엇과도 비교할 수 없는 희소성 있는 상품인 까닭이었다.

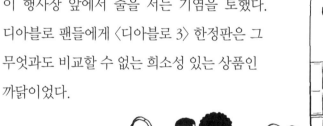

희소성은 모두가 원하는 만큼 가질 수 없기 때문에 발생한다. 세상에 갖고 싶은 것을 모두 가질 수 있는 사람은 아무도 없다. 제아무리 부유한 사람이어도 온전한 충족감을 느끼기는 불가능하다. 언제나 더 많은 것을 원하기에 끊임없이 뭔가에 부족함을 느끼고 불만족스러워하게 된다.

사실 인간이 원하는 모든 것을 가질 수 없는 이유는 아주 간단하다. 인간의 욕망은 무한하고 현실에 존재하는 자원은 유한하기 때문이다. 유한한 자원으로 무한한 욕심을 충족시킬 수는 없는 노릇이지 않은가? 자원의 유한성은 필연적으로 희소성의 문제를 발생시킨다. 그리고 희소성의 문제는 경제문제의 핵심으로 작용한다. 본디 경제란 사람들이 한정된 자원을 누가 어떻게 생산하고 소비하며 분배할지를 해결하는 과정이 아니던가.

사람과 경우에 따라 변하는 희소성

앞서 살펴보았듯 희소성이란 인간의 욕구에 비해, 그 욕구를 충족시키는 공급이 상대적으로 부족할 수밖에 없기 때문에 발생한다.[11] 재미있는 점은 사람과 경우에 따라 희소성의 대상과 가치 정도가 달라지는 것이다.

쉬운 예로 물이 있다. 우리는 흔히 물이 희소성을 가지고 있다고 생각하지 않는다. 적어도 일상생활에서 물은 아주 흔한 자원에 불과하다. 하지만 사막을 통과할 때라면 어떨까? 사막을 지나는 동안 물이 다 떨어졌는데 마침 물을 판매하고 있다면? 필시 백이면 백, 가진 돈을 모두 털어서라도 물을 살 것이다. 사막을 지나는 여행자에게 물은 곧 생명수이고, 그 무엇과도 바꿀 수 없는 귀중한 재화이기 때문이다. 이는 쉽게 물을 구할 수 없는 사막이라는 지역적 특성이 물의 희소성을 극대화시킨 까닭이다. 즉 상대적인 부족함의 정도에 따라 우리가 느끼는 희소성의 정도가 결정된다고 볼 수 있다.

그렇다면 다이아몬드는 어떨까? 다이아몬드와 흑연은 동일한 원소로 이루어져 있다. 똑같은 탄소 원자로 구성되었지만, 다이아몬드와 흑연의 가격은 천지天地 차이다. 어째서 이러한 가격 차이가 발생했을까? 흑연은 검은빛을 띠는 무른 광물로 어디서든 쉽게 구할 수 있는 자원인 반면, 다이아몬드는 투명하게 빛나는 단단한 광물로 매우 소량만 생산되는 희귀 자원이기 때문이다. 절대적으로 그 수량이 부족하지만 많은 사람이 그 아름다움에 반해 소유하기를 원한다. 그래서 다이아몬드가 크고 투명할수록 가격이 천정부지로 치솟는다. 같은 다이아몬드라고 해도 작은 다이아몬드보다 큰 다이아몬드가 더 희귀한 까닭이다. 그래서 대다수의 사람이 투명하게 빛나는 크고 아름다운 다이아몬드를 소유하기 위해 어마어마한 돈을 아낌없이 지불하지 않는가.

상대적인 희소성의 사례는 우리나라에서도 찾을 수 있다. 우리나라가 아직 경제성장을 이룩하지 못했을 때, TV는 경제적 여유가 있는 사람들만이 소유할 수 있는 고가품으로, 기껏해야 마을에서 한두 집 정도만이 TV를 들여놓을 수 있었다. 그래서 당시 온 마을 사람들이 TV를 보려고 TV가 있는 집으로 모여드는 진풍경이 벌어지고는 했다.

하지만 요즘은 어떤가? 더는 그런 광경을 찾아볼 수 없다. 대다수 집이 TV를 보유하고 있을 뿐만 아니라 여러 대를 동시 보유한 사람들도 많다. 경제가 급격히 성장하면서 TV산업이 발달한 덕분에 TV가격이 하락하여 누구나 원하면 TV를 소유할 수 있는 시대가 된 덕분이다. 이제 TV는 귀

중품이 아니라 생활필수품이고, 예전과 같은 희소성을 상실했다.

후추는 또 어떤가. 과거 후추는 유럽인이 전쟁까지 불사하며 손에 넣기를 강렬하게 열망했던 희소성의 대명사였다. 그런 후추가 오늘날에는 상점만 가면 진열대에서 쉽게 손에 쥘 수 있지 않은가. 이 또한 시대가 바뀌고 경제가 발전하면서 희소성의 문제를 효율적으로 해결하며 삶의 질적 향상을 이룬 사례라고 할 수 있다.

경제에서 희소성이 중요한 까닭은 희소성의 문제를 해결해나가는 과정이 곧 경제발전의 과정이기 때문이리라. TV와 후추가 그랬듯 인간의 욕구는 시대에 따라서 변하기 마련이다. 똑같이 유한한 자원이라도 그때그때 상대적으로 더 수요가 발생하며 희소성이 높아지는 자원이 달라진다. 그리고 그때마다 희소성은 인간 본연의 욕심과 부족함의 해소를 위해 한정된 자원을 가장 효율적으로 분배하는 촉매로 작용한다. 그것이 바로 경제의 핵심이자 성장의 동력이다.

사람은 언제
지갑을 열까?

그때그때 다른 아이스크림의 만족도

　태양이 작열하는 여름, 후끈 달아오른 지면을 걷노라면 땀이 비 오듯 쏟아지고 입안이 바짝바짝 마른다. 그 어느 때보다 시원한 물 한 모금, 차디찬 얼음 한 조각이 간절한 순간, 눈앞에 아이스크림 가게가 보인다면?

　아마 백이면 백 주저 없이 아이스크림 가게로 들어가 지갑을 열고 아이스크림을 살 것이다. 이때 아이스크림이 개당 2,000원이어도 상관없다. 너무 덥고 목말라 설령 5,000원이라도 기꺼이 지갑을 열고 지불할 용의가 있으니까. 그리고 혀끝부터 시작되는 차갑고 달콤한 행복이 입안 전체를 가득 채우며 가슴속까지 퍼져나가는 쾌감은 분명

2,000원어치 만족 그 이상이다. 그 다음에 아이스크림 하나를 더 사 먹는다면 어떨까? 여전히 아이스크림은 맛있지만 처음 한 입을 베어 물었을 때만큼 짜릿한 기쁨을 느끼기는 어려울 것이다. 이때 느끼는 만족도는 대략 아이스크림 가격 2,000원보다 조금 위가 될 것이다. 세 번째는 어떨까? 하나쯤 더 먹고 싶기도 하고, 그만 먹어도 되지 않을까 싶기도 하다. 그래도 아직까지는 2,000원을 지불하고 사 먹을 용의가 있다. 네 번째는 고민할 필요도 없다. 이미 충분히 맛보고 더위와 목마름을 해소했기 때문이다. 아이스크림이 500원이라고 해도 딱히 먹고 싶은 마음이 없기에 지갑을 닫고 아이스크림 가게를 나갈 것이다.

이처럼 똑같은 아이스크림이라고 해도, 아이스크림을 먹고 싶어 하는 욕망이 순차적으로 줄어드는 이유는 소비자가 느끼는 아이스크림의 효용이 감소했기 때문이다. 효용이란 아이스크림을 사 먹으면서 느끼는 만족의 정도이다. 즉 "인간의 욕망을 만족시키는 재화의 능력 또는 재화를 소비하면서 얻는 주관적 만족의 정도"이다.

효용이 중요한 까닭은 '주관적인 가치'이기 때문이다. 인간이 같은 조건에서 같은 가치를 느끼기란 어렵다. 아무리 무더운 여름날이라도 시원한 아이스크림에 만족을 느끼지 못하는 사람도 있을 것이고, 아이스크림을 먹고 싶어도 못 먹는 사람도 있을 수 있다. 아이스크림을 먹는 개수도 사람마다 다르다. 어떤 사람은 하나만 먹고 더 안 먹고 싶을 수도 있고, 어떤 사람은 다섯 개를 거뜬히 먹어치우고도 모자랄 수도 있다. 이를 두고 영국의 경제학자 알프레드 마샬Alfred Marshall은 자신의 저서『경제학 원리Principles of Economics』에서 "같은 1실링이라도 여러 사람에게 가져다주는 쾌락은 모두 다르다"라고 표현했다.

좋은 말도 세 번 들으면 질린다

아무리 듣기 좋은 말이라도 세 번 이상 들으면 지겹게 느껴진다. 같은 말이 반복되면서 처음 들었을 때의 감흥이 점차 줄어들기 때문이다. 이처럼 사람들이 느끼는 주관적인 효용에는 반드시 끝이 있다. 예로 들었던 아이스크림을 다시 떠올려 보자. 첫 번째 아이스크림은 2,000원어치, 아니 5,000원어치 이상의 만족을 주었다. 두 번째 아이스크림은 2,000원어치보다 조금 더 높은 만족, 세 번째 아이스 크림은 딱 가격 만큼인 2,000원어치의 만족을 주었다. 하지만 네 번째는 아이스크림은 만족도가 500원어치 밑으로 떨어져 버렸다. 그래서 세 번째부터는 아이스크림을 사 먹을지 말지 고민하고, 네 번째는 고민할 필요도 없이 지갑을 딱 닫아 버린 것이다.

이처럼 단계적으로 변화한 효용을 '한계효용'이라고 한다. 한계효용은 재화의 소비 단위가 늘어날수록 점점 낮아지는 흥미로운 일이 일어난다. 아이스크림을 하나씩 먹을 때마다 얻을 수 있는 만족도가 점점 떨어졌을 때, 효용이 줄어들면서 한계효용도 낮아지게 되는 것을 바로 '한계효용의 체감 법칙'이라고 한다. 우리는 살아가며 다양한 재화를 소비하는 과정 속에서 이미 한계효용의 체감 법칙에 직면하고 있다.

이처럼 사람들은 지불해야 하는 가격보다 만족이 클 경우에만 가격을 지불한다. 반대로 가격보다 만족도가 떨어지면 가격을 지불하지 않는다. 즉, 자신에게 필요한 '효용'이 남아 있을 때라야만 소비를 한다는 의미이다.

그래서 한계효용은 사람들의 소비를 분석하고, 상품의

가격 형성 원리를 이해하는 데 매우 중요하다. 소비자는 자신이 지불해야 하는 비용보다 더 큰 만족, 즉 효용을 얻는 동안 계속 물건을 소비한다. 그러다 어느 순간, 자신이 기대하는 효용보다 물건 가격이 비싸지면 더는 그 물건을 소비하지 않는다. 2,000원어치 가격만큼의 만족도를 주지 못하는 네 번째 아이스크림을 사먹지 않았듯 소비자는 자신의 효용에 미치지 못하는 물건을 사려고 하지 않는다. 그래서 궁극적으로 상품의 가격은 소비자 각자의 한계효용과 일치하게 된다.

무엇을 선택하느냐, 그것이 문제로다

어떤 사냥감을 잡을 것인가

늙고 배고픈 사자는 먹잇감을 찾아 온종일 들판을 헤맸다. 하지만 마땅한 사냥감을 잡지 못해 주린 배를 움켜쥐고 돌아올 수밖에 없었다. 늙은 사자가 잔뜩 지쳐서 나무그늘로 어슬렁어슬렁 향하는데, 이게 웬일인가? 때마침 토끼 한 마리가 나무 그늘 아래에서 곤히 잠들어 있었다. 늙은 사자는 잠든 토끼를 발견하고 기뻐서 어쩔 줄 몰랐다. 속으로 쾌재를 부르며 자신의 허기를 달래줄 사냥감을 놓치지 않기 위해 살금살금 다가가는 순간, 사자는 또 다른 먹잇감을 발견했다. 토끼와 아주 가까운 곳에 사슴 한 마리가 여유롭게 풀을 뜯어 먹고 있는 것이 아닌가? 사슴을 본 순간,

사자는 깊은 고민에 빠졌다. 더 배불리 먹을 수 있는 사냥감을 잡을 것인가, 아니면 별다른 노력을 하지 않아도 손쉽게 잡을 수 있는 잠든 토끼를 노릴 것인가.

고민 끝에 늙은 사자는 우선 사슴부터 잡고 난 다음 토끼까지 잡기로 마음먹었다. 덩치 큰 사슴을 놓치기 아깝기도 했고, 사슴을 잡고서 토끼도 잡을 수 있다는 자신도 있었다. 늙은 사자는 결심하자마자 냅다 사슴을 향해 돌진했다. 하지만 늙은 사자의 속도로는 재빠른 사슴을 잡을 수 없었다. 설상가상으로 늙은 사자와 사슴의 쫓고 쫓기는 소리에 토끼가 잠이 홀랑 깨버렸다. 토끼는 놀란 눈으로 두리번거리더니 어디론가 후다닥 도망쳤다. 결국 사슴과 토끼를 모두 놓쳐버린 늙은 사자는 땅을 치며 후회할 수밖에 없었다.

"아, 욕심내지 말고 토끼만 사냥할걸! 괜히 욕심 부리다가 사슴과 토끼 둘 다 놓쳤네!"

늙은 사자의 이야기는 우리에게 선택과 기회비용의 중요성을 전한다. 알다시피 우리 삶은 크고 작은 선택의 연속이다. 무엇을 하든 선택의 순간은 어김없이 찾아오며 그때마다 우리는 가장 좋은 선택을 하기 위해 고민한다. 그 이유는 무엇을 선택하면 다른 하나 혹은 그 이상을 포기해야

하기 때문이다. 그리고 선택에는 기회비용이 따른다. 기회비용이란 무엇을 선택하고 다른 것을 포기함으로써 잃어버리는 편익을 뜻한다.

그래서 어떤 하나를 선택할 때에는 다른 하나 혹은 선택에 따른 득실을 따져 보고 신중히 선택해야 한다. 혹여 잘못된 선택을 한다면 기대했던 편익보다 더 많은 비용을 지불해야 하는 상황에 직면하게 된다.

이를테면, 금융자산에 투자하려는 사람이 있다고 생각해 보자. 그는 리스크가 크지만 더 많은 수익을 올릴 수 있는 주식에 투자할지 안정적인 예금상품에 투자할지 고민에 빠져 있다. 예금은 안정적이지만 정해진 수익 이상을 기대하기는 힘들다. 또한 오랜 시간이 걸린다. 반면 주식 투자를 하게 될 경우 꽤나 높은 수익을 거둘 수 있지만 잘못했다가는 원금 손실의 위험도 있다. 주식 투자를 결정한다고 해도 어떤 기업의 주식을 살지를 선택해야 한다. 기회비용을 두고 고민에 빠질 수밖에 없다.

진로나 학업 고민도 마찬가지다. 현재 저성장 시대를 맞아 사회적인 문제가 되고 있는 취업난은 기회비용을 두고 청년들을 고민하게 만든다. 특히 대학을 나와도 원하는 직장을 구하기 어려운 요즘, 고등학교 졸업반 학생들은 그 어느 때보다 진지한 고민을 한다. 고등학교를 졸업하고 대학에 진학할지, 곧바로 취업 전선에 뛰어들지. 만약 A군이 졸업 후 곧바로 취업을 한다면 1년에 2,000만 원의 수입을 얻을 수 있다.

반면 대학에 진학한다면 1년에 1,000만 원의 비용이 들어간다. A군이 대학 진학을 선택한다면 1년간 발생하는 기회비용은 3,000만 원이다. 취업을 통해 얻을 수 있는 수입과 대학 진학으로 발생하는 비용을 더해야 하기 때문이다. 어떤 길을 선택할지를 고민하되 한 번 선택하면 그 결과에 대한 책임은 기꺼이 짊어져야 한다.

만약 고민 끝에 대학에 진학한 청년이 중퇴를 하고 사업을 한다고 하면, 주변 사람들은 어떻게 반응할까? 어떤 사람은 대학교를 졸업하고 안정적인 직장을 구하기를 조언할 것이다. 또 어떤 이는 젊은 열정과 패기로 사업을 성공적으로 이끌기를 조언할 것이다.

실상 대부분의 사람은 안정적으로 대학을 졸업하길 조언하거나 선택하지 않겠는가. 미래는 모르는 일이기 때문에 실패를 최소화하고 기회비용을 최소화하는 방어적인

선택을 하는 경우가 많다. 하지만 대학 중퇴를 만류했던 그 청년이 마이크로소프트Microsoft의 창업자 빌 게이츠Bill Gates, 애플을 창립하고 아이폰으로 시대의 트렌드를 만든 스티브 잡스Steve Jobs, 페이스북facebook을 창립한 마크 주커버그Mark Zuckerberg 같은 인물이라면 어떨까? 이들은 자신의 목표를 위해 안정적인 직장을 가질 수 있는 기회를 포기하고 사업에 뛰어들었다. 그리고 세계 IT 업계에서 손꼽히는 기업의 창립자로서 천문학적인 부를 거머쥐었다. 물론 그들이 사업에 실패했다면 엄청난 기회비용을 치러야 했을 것이다.

이처럼 알 수 없는 미래와 한정된 자원의 희소성은 우리를 선택의 기로에 서게 만든다. 자신의 선택이 어떤 기회비용을 발생시킬지, 그리고 그 기회비용을 감수하면서 선택할지를 끊임없이 고민하게 한다. 결국 '모든 선택에는 대가가 있다'는 말은 '모든 선택에는 기회비용이 따른다'는 말이나 다름없다.

제 4 장

사람을
움직이게 하는 힘

사유재산의 힘

인센티브가 바로 동력이다

세상에 공짜가 어디 있어

제도는 미래를 바꾼다

세상에 공짜 점심은 없다.

- 밀턴 프리드먼 -

사유재산의 힘

가진 게 없다면, 지킬 것도 없다

1968년, 미국 UCSB의 생물학과 교수인 가렛 하딘Garrett Hardin은 《사이언스Science》지에 매우 흥미로운 논문을 한 편 실었다. 이 논문에 실린 '공유지의 비극'이라는 예제는 당시 학계에 센세이션을 불러일으키며 수많은 사람의 주목을 받았다. 대체 '공유지의 비극'이 무엇이기에 가히 '충격'이라 불릴 만큼 파급 효과가 컸을까?

'공유지의 비극'의 핵심은 공유와 사유의 차이다. 하딘은 '공유지의 비극'에 관해 다음과 같이 기술했다.

"어떤 마을에 가축을 방목할 수 있는 목초지(공유지)가 있었다.

마을 주민들은 각자 자신의 땅을 갖고 있었지만, 이 공동의 땅에 자신의 가축을 가능한 한 많이 풀어놓으려 했다. 자기 비용 부담 없이 넓은 목초지에서 신선한 풀을 마음껏 먹일 수 있기 때문이다. 각 농가에서는 공유지의 신선한 풀이 자신과 다른 농가의 모든 가축을 기르기에 충분한가를 걱정하기보다는 공유지에 방목하는 자신의 가축 수를 늘리는 일에만 골몰했다. 그로 인해 공유지는 가축들로 붐비게 됐고, 그 결과 마을의 공유지는 가축들이 먹을 풀이 하나도 없는 황량한 땅으로 변하고 말았다."

공유지의 비극이 학계에 파장을 일으켰던 까닭은 단순한 예제가 아니었기 때문이다. 산업혁명이 무르익던 시기, 영국에서는 정부 차원에서 농업 생산량을 증대하기 위해 대대적인 인클로저운동Enclosure Movement을 펼쳤다. 인클

로저운동이란 소유권이 없는 공유지와 미개간지, 경계가 불분명한 사유지에 말뚝을 박고 울타리를 쳐서 토지에 대한 사유재산권을 명확하게 하는 운동이다. 인클로저운동을 통해 토지소유관계의 변화, 즉 토지의 사유화가 진행되었으며 '농업혁명'이라 불리는 농업의 자본주의화가 급속도로 이루어졌다.

그 결과는 놀라웠다. 토지의 소유권이 명확해지자 농장주들은 자발적으로 토지 관리와 농업 생산성 증대에 힘썼다. 낭비되는 땅이 사라졌고, 농업생산량이 급증하면서 대농경영 시대가 열렸다. 인클로저운동 이전과 농업의 경제적 패러다임이 송두리째 뒤바뀐 셈이었다.

바다 또한 공유지의 비극에서 자유로울 수 없다

하딘의 예제 '공유지의 비극'은 바다에서도 똑같이 적용된다. 바다는 예로부터 공유자원의 대표 격이었다. 누구나 바다에서 자유롭게 어업활동을 할 수 있었고, 그 누구도 이의를 제기하지 않았다. 그 결과, 바다는 무분별한 남획과

각종 쓰레기로 몸살을 앓게 되었다. 내 것이 아닌 해상 자원의 보호와 관리에 그 누구도 신경 쓰지 않은 탓이었다. 무조건 남보다 많이 잡으려고 하고, 나 하나쯤이야 어떠랴 싶은 이기심만 넘치다 보니 장기적인 보호 계획 없이 해상 자원의 낭비로 이어진 것이다.

이 또한 하딘의 예제와 마찬가지로 '공유지의 비극'이다. 아이슬란드는 이 문제를 해결하기 위해 한 가지 묘책을 내놓았다. 바로 어획권의 사유화였다. 아이슬란드는 특정 어종의 물고기를 일정량만 잡을 수 있는 어획권을 어부에게 배정함으로써 해상자원을 효율적으로 보호하고 관리하고자 했다. 아이슬란드의 어획권 배정 정책은 놀라운 성과를 가져왔다. 생각 없이 해상자원을 낭비하던 어부들이 몰라보게 변한 것이다. 당장 물고기를 씨를 말릴 기세로 잡아대던 어부들은 스스로 어획량을 계획적으로 조절하고, 해상 자원 보호와 관리에 앞장섰다. 아이슬란드 정부는 별다른 비용과 노력 없이도 해상 자원을 효율적으로 보호하고 관리할 수 있었고, 어부들은 어획권이라는 사유 재산권을 통해 이전에는 꿈도 꾸지 못했던 부를 창출할 수 있었다. 모두의 것이 아니라 내 것이라는 인식이 어부의 삶과 바다의 자원을 동시에 안정적으로 보호하고 관리하게 만든 것이다.

비단 바다뿐만이 아니라 우리 일상생활에서도 '공유지의 비극' 사례는 너무나도 쉽게 찾아볼 수 있다. 공공장소에 놓인 공용 PC의 경우를 떠올려 보자. 공용 PC를 자기 PC처럼 소중하고 깨끗하게 사용하는 사람이 과연 몇이나 될까?

공중 화장실은 또 어떨까? 용변이 급해 찾은 공중화장실에서 인상을 찌푸려 본 경험이 있을 것이다. 요즘은 상당히 좋아졌다고 하지만, 공중화장실과 개인 소유 화장실의 청결성은 비교할 수도 없다. 이처럼 공유와 사유의 차이는 어마어마하다. 사유 재산권은 소유에 대한 기준을 명확하게 함으로써 그 책임 역시 분명하게 한다. 그 반면 누구나 쓸 수 있는 공유재는 책임에 대한 기준이 명확하지 않다. 공중화장실의 오염과 그 밖의 문제적 상황에 대한 책임을 과연 누가 져야 하는가? 공중화장실을 더럽힌 사람에게 책임을 물어야 할까, 아니면 공중화장실을 운영하고 관리하는 정부나 지자체에 책임을 물어야 할까? 또한, 얼마나 공중화장실을 더럽혀야만 책임을 물을 수 있을까? 공공의 재산이니 함께 지켜가야 한다는 캠페인만으로 해결 될 문제일까?

하지만 소유의 개념 즉, 재산권이 명확하다면 자신의 재산을 지키기 위한 자발적인 노력을 하게 된다. 자신의 재산을 지키는 노력을 하지 않아 발생하는 불이익도 결국 자신의 책임이기 때문이다. 비단 화장실의 문제가 아니라 모든 경제문제에 동일하게 적용된다. 소유권에 대한 명확한 정의는 재산권 분쟁의 책임과 해결을 위한 기준으로 적용 될 수 있다. 길을 걷다 침을 뱉는 사람을 보고 따져 물을 사람은 많지 않다. 하지만 내 집에 침을 뱉는다면 백이면 백, 화를 내고 따져 물을 것이다. 내 것이 아니라고 생각한다면, 가진 것이 없다면, 과연 무엇을 지키겠는가.

인센티브가 바로
동력이다!

전 세계를 뒤흔든 오일파워[12]

　　1970년대 전 세계는 석유 가격 급등으로 몸살을 앓았다. 산유국들이 전쟁에 휘말리면서 원유의 가격이 폭등하자 전 세계에서 난리가 났다. 현대 산업에 있어서 석유는 결코 없어서는 안 될 자원이다. 에너지는 물론 다양한 화학제품을 생산하는 데 필수적으로 이용된다. 이러한 석유 가격의 폭등은 석유를 이용하는 모든 나라에 경제적 타격을 주었다. 1970년 초·중반에 발생한 1차 오일쇼크Oil Shock 당시 석유의 가격은 단기간에 4배 가까이 상승했다. 선진국들은 엄청난 물가상승과 마이너스 성장 즉, 스태그플레이션Stagflation을 겪어야 했다. 우리나라 역시 오일쇼크의 영향에서 자유로울 수 없었다. 1973년 3%대에 머물었던 물가상 승률이 1974년에는 25% 가까이 상승했다. 1975년 역시 마찬가지였다. 1976년 이후 안정을 보이던 경제는 1970년대 후반부터 발생한 2차 석유파동에 급격히 흔들렸다. 또다시 원유의 가격이 급등한 것이다. 우리나라에 있어 1970년 대는 경공업에서 중화학공업으로 전환하는 시기였다. 그만큼 석유에 대한 의존도가 커지는 시점이었다. 2차 석유 파동 당시 국제 유가는 6개월 만에 2배 이상 상승했다. 우리나라의 정치적 혼란까지 더해져 1980년 물가상승률은 30%에 육박했다. 실업률도 5%를 넘었으며 경제개발 이후 처음으로 실질성장률이 마이너스를 기록했다. 석유파동으로 인해 한국경제는 휘청거렸다. 사람들의 삶에도 엄청난 영향을 미쳤다. 급하지 않은 자동차들의 운행은 자제했다. 필요한 경우에도 카풀과 같은 대체 수단을 통해 최소화했다. 자연스레 중대형 차량보다 소형 차량에 대한 수요가 늘었다. 유류 업체들은 석유 공급을 늘리기 위해 석유시추 확대, 석유추출기법 개발, 유전탐사작업 등의 적극적인 노력을 펼쳤다. 1980년대 초 국제 원유 가격이 안정세를 찾기 시작하면서 경제도 함께 안정을 되찾아 갔다.

석유의 가격이 폭등하자 공급자는 더 많은 공급을 위해 노력하고 소비자는 최대한 소비를 줄이는 모습이 나타난 것이다. 석유 가격이 올랐으니 당연한 일이다. 석유 가격에 따라 사람들의 이 변하는 것은 '인센티브' 때문이다. 누구나 자신에게 더 이득이 되는 쪽 혹은 손실이 적은 쪽으로 행동하게 된다. 인센티브에 따라 선택의 방향이 변화하는 것이다. 자신에게 이익이 되는 일과 손해가 되는 일이 있다면 당연히 이익이 되는 일을 선택하지 않겠는가. 그리고 더 많은 이익이 되는 일을 선택할 가능성이 높아짐은 두말할 나위 없다. 인센티브는 경제활동뿐 아니라 인간의 행동 전반을 설명하는 데 적용된다. 경제에 국한한다면 인센티브에 대한 인간의 반응이 수요공급의 법칙으로 나타나는 것이다. 석유파동 당시, 공급자와 소비자의 반응은 명확히 달랐다. 공급자들은 생산량을 늘리기 위해 갖은 노력과 투자를 아끼지 않았다. 반면 소비자들은 소비를 최대한 억제했다. 소비와 공급 모두 인센티브에 반응하며 시장을 통해 자연스레 균형과 조화를 이루게 된다.

기대 그 이상의 성과를 이끌어내는 인센티브

요즘 '인센티브'란 단어 자체를 생소하게 여기는 사람은 드물 것이다. 인센티브란 어떤 행동을 하도록 사람을 부추기는 것을 목적으로 하는 자극을 뜻한다. 외적·내적 동기로 작용하며 기대 이상의 성과를 이끌어내는 역할을 한다.

오늘날 인센티브는 사회 곳곳에서 광범위하게 적용되고 있다. 그 가운데 인센티브의 수혜를 가장 극적으로 받는 직업군은 뭐니 뭐니 해도 스포츠 선수와 CEO라고 할 수 있다. 스포츠 선수와 CEO는 다른 직업에 비해 성과가 명확하게 드러나기 때문이다.

특히 스포츠 선수의 경우 오직 기록과 성적만으로 성공과 실패를 가름한다. 스포츠 선수 역시 자신의 커리어를 위해 부상을 최소화 하려는 노력을 한다. 부상은 곧 성적 부진으로 이어지기 때문이다. 예를 들어, 메이저리그에서 맹활약을 펼치던 추신수 선수를 생각해보자. 추신수 선수는 2013년 말 텍사스 구단과 FA(Free Agent, 자유계약선수)계약을 체결[13]했다. 알려진 바에 따르면 추신수 선수가 7년 동안 받게 될 총액은 1억 3,000만 달러 규모로 역대 아시아 출신 선수로는 최고 금액이라고 한다. 메이저리그 외야수로도 역대 6위다. 연봉 외에도 개인의 성적에 따른 추가적인 금전 보상 항목도 있다. 성적과 인기 등으로 선정되는 각종 시상식에서 순위에 오르거나 수상할 경우 금전적 보상을 받는다. 소위 말하는 대박 계약이다.

추신수 선수가 이토록 좋은 조건의 계약을 할 수 있었던 것은 그의 2013년 기록이 주효했다. 그는 메이저리그에 진출한 이후 뛰어난 기량으로 꾸준히 좋은 모습을 보여 왔다. 하지만 FA 직전인 2013년에 가장 뛰어난 성적을 냈다. 출루율, 타율, 타점, 도루 등 모든 기록에서 뛰어난 성적을 냈고 자신의 팀에서 '올해의 타자'로 뽑혔다. 과연 추신수가 FA 대박을 터뜨릴 수 있게 한 2013년의 성적이 우연일까? 그렇지는 않다. 스포츠 선수들 특히 프로 선수들에게 FA는 프로 선수로서 가장 중요한 기회다. 프로 선수라면 하나같이 이 기회를 잡기 위해 혼신의 힘을 다해 노력한다. 추신수 선수 역시 마찬가지였으리라. 워낙 뛰어난 실력을 갖춘 데다 FA라는 동기부여 즉, 인센티브가 작용하면서 그야말로 최고의 성적을 낸 것이다. 그 결과가 추신수 선수의 유례없는 대박 계약이다.

비단 추신수 선수뿐만이 아니라 프로 선수라면 누구나 엄청난 부와 명예를 안정적으로 보장받을 수 있는 일생일대의 기회는 엄청난 인센티브이며 확실한 동기부여로 작용한다. 그래서 주기적으로 계약을 갱신하는 스포츠 선수들에게 있어 재계약을 눈앞에 둔 시즌은 그 어느 때보다 인센티브 효과가 극대화되는 시기이다.

스포츠 선수와 마찬가지로 CEO도 높은 연봉과 경영 성과에 따른 보너스 계약을 많이 체결한다. CEO들의 대표적인 인센티브 정책은 바로 스톡옵션이다. 자신이 경영을 맡게 될 회사의 주식을 연봉 대신 받기도 한다. 주식은 회사의 실적과 성장에 따라 가치가 변동된다. CEO가 경영 성과를 내며 회사 실적이 좋아진다면 주식의 가치도 상승하게 된다. 자신이 낸 성과에 따라 받을 수 있는 직접적인 금전적 보상이 달라지는 만큼 CEO들은 그 누구보다도 회사 경영에 혼신의 힘을 다하게 된다.

대표적으로 현재 애플의 CEO인 팀 쿡Timothy D. Cook이 있다. 2011년 8월, 팀 쿡은 CEO로 선임되면서 애플의 주식을 받았다. 당시 애플의 주가는 400달러를 넘지 못했다. 하지만 그 뒤로 애플의 주가는 상승했고 2012년엔 700달러를 넘기기도 했다. 2014년에도 애플은 500달러 후반대의 주가를 지속적으로 유지하고 있다. 이처럼 애플이 성장하고 주식의 가격이 상승한 덕분에 팀 쿡은 천문학적인 액수의 이익을 얻을 수 있었다. 반대로 애플의 경영이 악화되고 주식 가격이 하락했다면 어땠을까? 회사뿐만 아니라 CEO인 팀 쿡도 엄청난 손실을 입었을 것이다. 이런 측면에서 CEO들의 스톡옵션 계약은 일종의 리스크 관리 성격을 지닌다. 스톡옵션이라는 인센티브 계약을 통해 경영 성과를 개선하기 위한 동기부여를 하는 것이다.

이처럼 스포츠 선수나 CEO들을 보면 인센티브가 동기부여에 있어 엄청난 효과를 보인다는 걸 알 수 있다. 인센티브는 인간의 열정을 이끌어 내는 데 탁월하다. 당신이 추신수 선수나 애플의 CEO 팀 쿡이라면 열정을 불사르지 않을 수 있겠는가?

인센티브는 북한도 움직인다[14]

인센티브의 힘은 과거 KEDO(Korea Peninsula Energy

Development Organization; 한반도에너지개발기구)의 북한경수로 사업에서도 확인할 수 있다. 당시 경수로 사업에 투입된 우리 근로자들을 위한 선술집이 하나 있었는데, 선술집에서 근무하는 직원들은 모두 북한 주민이었다. 이 선술집은 밤 9시만 되면 영업을 종료했다. 직원들이 9시가 되자마자 하던 일을 모두 멈추고 퇴근해 버렸기 때문이다. 손님이 있어도 개의치 않았다. 어차피 공산주의 국가인 북한은 근로 시간이 딱 정해져 있고, 근로자가 받는 급여도 정해져 있다. 직원들이 얼마를 더 일하든, 술을 더 팔아서 많은 매출을 올려도 자기들에게 돌아오는 급여는 똑같으니 누가 더 일하고 싶겠는가. 차라리 정해진 시간까지 일하고 잽싸게 퇴근해 버리는 쪽이 훨씬 이득이다. 그래서 선술집 직원들은 9시만 되면 일손을 멈추고 칼퇴근을 했던 것이다.

그러다 북한이 2002년에 이윤을 인정하는 신경제규칙을 시행하면서 선술집 직원들이 양주 1병을 판매하면 1달러의 인센티브를 지급하기로 결정하자 상황은 역전되었다. 밤 9시만 되면 하던 일조차 내팽개치고 퇴근하던 직원들이 자발적으로 밤늦게까지 남아 일하기 시작했다. 얼마를 일하든 정해진 급료밖에 받지 못하던 때에는 상상도 할 수 없던 일이었다. 직원들은 스스로 인센티브를 받기 위해 늦은 시간까지 더 열심히 일했다.

　북한 선술집의 사례는 우리에게 중요한 사실을 시사한 다. 만약 당신이 A라는 일을 하면 같은 힘을 들이고도 B라 는 일보다 더 많은 돈을 벌 수 있다고 하자. 과연 당신은 A 와 B 중 어떤 일을 선택할 것인가? 수입을 제외한 모든 조 건이 동일하다면 모든 사람이 당연히 A를 선택할 것이다. 지극히 당연한 선택이다. 이처럼 어떠한 경제활동에 관한 선택을 할 때 우리가 얻을 수 있는 이익이 큰 쪽으로 선택 할 확률이 높은 건 당연하다. 이것이 바로 사람을 움직이게 하는 힘, 인센티브의 파워이다.

세상에 공짜가 어디 있어!

공짜 점심은 없다[15]

미국의 경제학자 밀턴 프리드먼Milton Friedman이 속담처럼 즐겨 말하던 표현이 있다.

"세상에 공짜 점심은 없다(There is no such thing as a free lunch)."

'공짜 점심'은 미국 서부 개척시대에서 유래되었다. 당시 어느 술집에서는 술을 일정 한도 이상 마시면 점심식사를 공짜로 제공했다고 한다. 얼핏 귀가 솔깃한 공짜 서비스처럼 들리지만, 실상은 달랐다. 막상 공짜로 점심밥을 먹으려면 그만큼 술을 많이 마셔야 하고 당연히 술값을 많이 지불해야만 했다. 결국 술집이 제공하는 점심식사의 값이 술값 속에 포함되는 셈이었다. 바로 여기에 공짜 점심의 함정이 있었다.

세상에 공짜는 없다. 어떤 것을 얻으려면 반드시 상응하는 대가를 치러야 한다. 경제학에서는 이를 '기회비용'이라고 한다. 같은 맥락에서 러시아 속담에는 "공짜 치즈는 쥐덫에만 놓여 있다"란 말이 있고, 우리나라 속담에는 '산토끼 잡으려다 집토끼 놓친다'는 말이 있다. 이 모두가 기회비용에 대한 의미를 담고 있다.

기회비용은 이솝우화에서도 찾아볼 수 있다. 이솝우화의 '야생나귀와 집 나귀[16]' 이야기를 살펴보자. 산속에 사는 야생 나귀는 집 나귀를 보고 매우 부러워한다. 자기는 항상 거친 산속에서 무서운 천적에게 쫓기고, 먹이가 부족해서 배를 곯기 일쑤인데 집 나귀는 따뜻하고 안전한 집에서 주인이 주는 먹이를 날름날름 받아먹으며 편하게 살고 있기 때문이었다. 야생 나귀가 보기에 집 나귀는 먹이 걱정도, 천적 걱정도 전혀 없이 마냥 행복한 듯했다.

하지만 얼마 지나지 않아 야생 나귀는 놀라운 광경을

보게 되었다. 집 나귀가 커다란 짐을 등에 싣고 힘겹게 걸어가고 있는 게 아닌가? 게다가 나귀 주인은 집 나귀에게 고래고래 소리 지르며 사정없이 채찍질을 해 댔다. 야생 나귀는 기겁하며 뒷걸음질을 쳤다. 자신이 부럽게만 생각했던 집 나귀의 생활이 실은 배부르고 등 따뜻하게 놀고먹는 것이 아니라는 사실, 무거운 짐을 나르고 주인의 채찍질을 맞는 대가를 담보하는 것이라는 사실을 깨달았기 때문이다. 야생 나귀는 고개를 저으며 다시 산속으로 풀쩍풀쩍 돌아가 버렸다. 이때 야생 나귀는 이렇게 생각하지 않았을까? '세상에 정말 공짜 밥은 없구나!' 아마 야생 나귀는 두 번 다시 집 나귀를 부러워하지 않았으리라.

유명 인사와의 식사가 비싼 이유

만약 당신이 미국의 대통령 버락 오바마Barack Obama와 저녁 식사[17]를 할 기회가 있다면 얼마를 지불할 수 있겠는가? 2011년 3월 29일 오바마 대통령은 민주당 전당대회를 위한 기금을 모금하기 위해 50여 명의 지지자들을 초대했다. 이 특별한 초대장을 받은 사람들이 지불한 식사비용은 3만 800달러였다. 우리나라 돈으로 약 3,420만 원에 달하는 어마어마한 가격이었다. 저녁식사 한 끼의 가격 치고는 지나치게 고가라는 생각이 들 수도 있으리라. 하지만 오바마가 누구인가, 미국 대통령으로 아무나 돈만 있다고 함께 식사를 할 수 있는 사람이 아니지 않은가. 오바마 대통령의 일정은 개인이 아니라 국가적인 차원에서 관리된다. 그렇기 때문에 오바마 대통령과의 저녁식사 한 끼에는 국가 원수로서의 일정에 대한 기회비용이 포함되기 마련이다. 우리는 앞서 공짜 점심은 없다는 사실을 확인하지 않았는가. 모든 경제 행위에는 비용이 소요되며 오바마 대통령과의 저녁식사 역시 예외가 아니다. 그리고 기회비용이 크면 클수록 그 값어치 또한 상승하기 마련이다.

실제로 많은 지지자가 기꺼이 3만 800달러를 지불하고 오바마 대통령의 식사 초대에 응했다. 그들이 오바마 대통령과의 식사에서 얻은 만족도는 3만 800달러 이상의 값어치였으리라.

오바마 대통령이 아닌 다른 유명 인사와의 만남도 마찬가지이다. 애플의 CEO인 팀 쿡과 커피를 마실 수 있는 '팀 쿡과의 커피 타임 (2013년)[18]의 경매 낙찰가는 61만 달러였다. 우리나라 돈으로 약 6억 8,000만 원이나 된다. 아파트 한 채 값을 훌쩍 웃도는 어마어마한 금액을 지불하고 커피 한 잔을 마신다고 의아해할 수도 있겠다. 하지만 단순히 커피 한 잔을 마시는 데 61만 달러를 지불할 사람은 세상 그 어디에도 없다. 당시 '팀 쿡과의 커피 타임' 경매에 참여한 사람들은 현재 애플과 함께 일하고 있거나 일하기를 원하는 기업인들이었다고 한다. 이들은 팀 쿡과 만나서 커피 한 잔을 마시는 시간 동안 자신에게 더 큰 이익과 좋은 기회를 만들 수 있으리라고 생각했다. 즉 '팀 쿡과의 커피 타임'에는 커피 한 잔 값 이상의 가치를 기회비용으로 내포하는 셈이다. 61만 달러라는 낙찰가는 이와 같은 기회비용을 모두 포함한 가격이다.

또 다른 예로 강연료[19]가 있다. 보통 강연자에게는 사례비를 지불하는데, 강연자마다 강연료가 차이나는 것이 일반적이다. 세계 경제 대통령으로 불리는 미 연방준비제도이사회(연준) 의장의 경우는 어떨까? 놀랍게도 공개 강연 한 번 할 때 받는 사례비가 우리나라 돈으로 2억 원 이상이라고 한다.

오바마와의 저녁식사
$30,800

팀 쿡과의 커피 한 잔
$610,000

벤 버냉키 1회 강연료
$250,000

도널드 트럼프 1회 강연료
$1,500,000

벤 버냉키Ben Bernanke 전 연준 의장은 퇴임 후 강연에서 25만 달러를 강연료로 받았다. 우리나라 돈으로 약 2억 7,000만 원이나 되는 큰 금액이다. 버냉키 전 연준 의장뿐만 아니라 그 전임자였던 앨런 그린스펀Alan Greenspan도 최고 25만 달러의 강연료를 받았다고 한다.

투자계의 큰손이자 자산가일수록 강연료는 하늘 높은 줄 모르고 치솟는다고 한다. 실제로 미국 부동산 재벌 도널드 트럼프Donald Trump는 회당 150만 달러를 강연료로 받았다. 우리나라 돈으로 약 15억 9,000만 원이다. 도널드 트럼프가 이처럼 엄청난 액수의 강연료를 받을 수 있는 까닭은 무엇일까? 그만큼 도널드 트럼프의 강연을 통해 얻어가는 가치가 있기 때문이다. 이 상대적 가치, 기회비용이 포함된 가격이 바로 도널드 트럼프가 받은 강연료이다.

제도는 미래를 바꾼다

인도는 왜 코브라 퇴치에 실패했나[20]

    과거 영국이 인도를 지배할 때의 일이다. 당시 영국의 인도 식민지 총독부는 들끓는 코브라를 제거하기 위해 대책을 강구했다. 고민 끝에, 잡아온 코브라 수에 따라 보상금을 지급하는 인센티브 정책을 도입하기로 결정했다.

    처음에는 이 정책의 효과를 톡톡히 보는 듯했다. 인도 사람들은 너도나도 보상금을 받기 위해 코브라를 잡으러 다녔다. 인도 사람들이 앞 다투어 코브라를 잡아오는 통에 영국 인도 식민지 총독부는 코브라를 금세 퇴치할 수 있으리라 자신했다. 그러나 이상한 일이었다. 시간이 한참 흘러도 코브라는 줄지 않았다. 아니, 오히려 이전보다 더 많은 코브라가 잡혀 들어오는 게 아닌가?

1년이 지나고, 2년이 지나도 코브라 수가 줄어들 기미가 보이지 않자 영국의 인도 식민지 총독부는 원인 조사에 나섰다. 그 결과는 놀라웠다. 인도 사람들이 지속적으로 보상금을 받고자 집집마다 우리를 만들어 코브라를 사육하고 있었던 것이다. 그리고 더 많은 보상금을 받으려고 사육하는 코브라의 수를 지속적으로 불리고 있으니 코브라가 줄어들려야 줄어들 수 없었던 것이다.

영국의 인도 식민지 총독부는 이 사실을 알고 코브라 제거 정책을 포기하고, 코브라를 잡아오는 사람에게 더는 보상금을 지급하지 않겠다고 선포했다. 그러자 문제는 더 심각해졌다. 코브라를 사육할 이유가 사라져 버린 인도 사람들이 너도나도 밖에 내다버리기 시작한 것이다. 결국 인도의 코브라 개체 수는 코브라 제거 정책 시행 이전보다 수십 배나 증가해 버렸다. 효과적으로 코브라를 없애려다가 오히려 코브라가 득시글득시글하게 된 셈이다.

결과적으로 영국의 인도 식민지 총독부의 인센티브 정책은 명백한 실패였다. 허나, 좀 이상하지 않은가. 앞서 우리는 인센티브란 사람을 움직이는 강력한 힘이라는 사실을 확인했다. 프로야구의 추신수 선수나 애플 CEO 팀 쿡의 사례가 그 사실을 뒷받침한다. 같은 맥락에서 영국의 인도 식민지 총독부가 시행한 코브라 정책은 분명 인도 사람들의 동기를 자극하는 인센티브 정책이었다. 그럼에도 불구하고 추신수 선수와 CEO 팀 쿡의 성공과 정 반대의 결과를 가져온 까닭은 무엇일까?

인센티브란 달콤한 보상이다. 사람은 누구나 한 번 누리기 시작한 인센티브를 지속적으로 누리고 싶어 한다. 그래서 인센티브를 위해 더욱더 열심히 노력하고, 최상의 결과를 이끌어내고자 한다. 추신수 선수와 CEO 팀 쿡의 경우는 인센티브가 부여한 강력한 동기가 긍정적인 방향으로 작용했다고 볼 수 있다. 특히 노력하기만 하면 얼마든지 천문학적인 인센티브를 누릴 수 있다는 확신이 가장 큰 동기로 작용했으리라.

그러나 영국의 인도 식민지 총독부의 코브라 제거 정책의 경우는 다르다. 인도 사람들은 코브라가 완전히 사라지는 순간, 자신들이 그때까지 누리던 인센티브도 사라진다는 사실을 알고 있었다. 그래서 인센티브를 지속적으로 누릴 방법을 찾기 시작했고, 그것이 바로 코브라 사육이었다.

무분별하고 성급한 인센티브는 독이다

영국의 인도 식민지 총독부의 코브라 퇴치 정책에서 확인했듯 무분별하고 성급한 인센티브는 역효과를 불러오기 일쑤다. 숱한 사례가 증명하다시피 인센티브가 인간의 행동을 자극하며 최상의 결과를 이끌어내는 효과가 있는 것은 분명하다. 하지만 인센티브의 효과가 과연 클지, 작을지, 긍정적일지, 부정적일지, 지속 가능할지에 대한 고려 없이 섣불리 인센티브를 도입하는 것은 아예 도입하지 않는 것보다 못한 결과를 초래할 가능성이 높다.

실제로 이와 관련한 매우 흥미로운 실험 결과가 있다[21]. 유리 그니지Uri Gneezy와 알도 러스티치니Aldo Rustichini 교수의 실험이 그것이다. 그니지와 러스티치니는 사람들을 A, B, C, D 그룹으로 나누고 IQ 테스트를 실시했다. 그리고 각 그룹마다 다른 조건을 내걸었다.

A 그룹에게는 '최선을 다할 것', B 그룹은 '정답 하나에 3센트 지불', C 그룹은 '정답 하나에 30센트 지불', D 그룹은 '정답 하나에 90센트 지불'하기로 하고, 실험했더니 무척 흥미로운 결과가 나왔다.

C 그룹과 D 그룹이 A 그룹보다 평균 정답을 6개나 더 맞힌 것이다. A 그룹이 정답 인센티브가 없었던 반면, C 그룹과 D 그룹에게는 정답마다 인센티브가 주어졌기에 훨씬 열심히 집중해서 문제풀이를 한 덕분이다. 놀라운 것은 그뿐만 아니었다. 아무 인센티브도 없던 A 그룹보다 정답 하나에 3센트라는 인센티브가 걸린 B 그룹의 성적이 더 나빴던 것이다. 이는 무엇을 의미할까?

3센트라는 적은 돈이 문제였다. 받으나 마나 한 돈은 사람들에게 동기 부여가 되기는커녕 오히려 무성의한 태도를 보이게 했던 것이다. 이는 인센티브 적용에 중요한 사실을 시사한다. 어중간한 인센티브는 오히려 최악의 결과를 낳을 수 있다는 사실이다.

사람의 마음을 움직이고 행동을 이끌어 원하는 성과를 거두려면, 적절하고도 충분한 인센티브가 필수적이다. 다만, 인센티브의 효과를 목적에 맞게 사용하기 위해서는, 인

센티브 제도를 명확히 하고 적절한 목표 설정과 보상 체계의 정립이 필요하다.[22]

자본주의 제도가 발달하고 진화하면서 인센티브도 함께 발달했다. 인센티브는 인간의 열정을 분출할 수 있도록 돕는 역할을 하기 때문이다. 하지만 앞서 살폈다시피 인센티브 적용은 신중히 이루어져야 한다. 동일한 인센티브를 적용한다고 해서 동일한 효과가 있다고 장담할 수는 없다. 스포츠 선수나 CEO와 같은 이들에게 인센티브는 탁월한 효과를 보인다. 자신의 노력과 선택에 따라 일의 성과 차이가 크고, 성과에 따라 손익이 분명하게 차이가 나기 때문이다.

보험설계사의 경우는 어떨까? 월 고정급여는 적은 대신 계약 건수에 따른 인센티브 금액을 많이 받는다. 당연히 보험 설계사는 더 많은 계약을 성사시키기 위해 시간과 노력을 아끼지 않는다. 만약 한 건의 계약도 성사시키지 못한 보험설계사와 10건의 계약을 성사시킨 보험설계사가 같은 돈을 받는다면 어떨까? 10건의 계약을 성사시킨 보험설계사의 근로 의욕과 동기는 눈 녹듯이 사라져 버릴 것이다.

그렇기 때문에 업종을 불문하고 영업직은 대부분 인센

티브 계약이 많다. 하지만 성과와 크게 상관없이 보수를 받는 직업의 경우는 인센티브의 효과가 상대적으로 적다. 제조업의 경우 많은 사람이 비슷한 일을 하므로 성과의 격차가 크게 나는 편이 아니다. 이런 경우에는 인센티브를 강화한 계약보다는 지속적이고 안정적으로 일할 수 있는 환경을 제공하는 계약이 훨씬 타당하다. 비슷한 일을 하는 사람들의 급여를 비슷한 수준으로 제공하고 인센티브의 비율은 상대적으로 낮춰야 한다.

이처럼 인센티브의 효과 차이에 따라 인센티브 제도의 활용도 달라져야 한다. 적절하지 못하게 적용한 인센티브 정책은 생산성 향상에 별다른 효과를 거두지 못한다. 오히려 인센티브로 인해 역효과를 발생시켜 생산성 향상이 아닌 저하를 가져올 수도 있다.

제 5 장

시장의 진화와 사회 발전

누구를 위해 빵을 만드는가

경쟁이 인간을 행복하게 만든다

지금도 계속 진화하고 있는 시장경제 질서

사람은 욕망에 사로잡히지 않고서는 힘을 다하지 않는다.
잠자는 욕망을 깨워 주는 것이 없다면 사람이 지닌 탁월함과 능력은
언제까지나 드러나지 않을 것이고, 열정이 빠진 몸뚱이는
바람 한 줄기 없는 가운데 육중하게 서 있는 풍차나 매한가지다.
사람 사는 사회를 굳세게 만들려면 열정을 건드려야 한다.

- 버나드 맨더빌 -

누구를 위해
빵을 만드는가?

이기심이 꼭 나쁘다고 할 수 있을까[23]

경제학의 아버지 애덤 스미스는 자신의 저서 『국부론』에서 시장경제의 원리 '보이지 않는 손'을 설명하며 다음과 같이 매우 유의미한 구절을 썼다.

"우리가 저녁 식사를 기대할 수 있는 건 푸줏간 주인, 양조장 주인, 빵집 주인의 자비심 덕분이 아니라 그들이 자기 이익을 챙기려는 생각 덕분이다(그들의 돈벌이에 대한 관심 덕분이다). 우리는 그들의 박애심이 아니라 자기애에 호소하며, 우리의 필요가 아니라 그들의 이익만을 그들에게 이야기할 뿐이다."

그리고 애덤 스미스는 이렇게 덧붙였다.

"사람은 누구나 생산물의 가치가 극대화되는 방향으로 자신의 자원을 활용하려고 노력한다. 그는 공익을 증진하려고 의도하지 않으며 또 얼마나 증대시킬 수 있는지도 알지 못한다. 그는 단지 자신의 안전과 이익을 위하여 행동할 뿐이다. 그러나 이렇게 행동하는 가운데 '보이지 않는 손'의 인도를 받아서 원래 의도하지 않았던 목표를 달성할 수 있게 된다. 이와 같이 사람들은 자신의 이익을 열심히 추구하는 가운데서 사회나 국가 전체의 이익을 증대시킨다."

애덤 스미스는 '보이지 않는 손'을 신의 영역이 아니라 인간의 본성에서 찾고자 했다. 그것은 바로 인간이 타고난 이기심이다. 애덤 스미스는 모든 사람은 경제활동을 할 때, 인간의 본성에 충실하게 '이기심'에 따라 움직인다고 보았다. 여기서 말하는 인간의 이기심이란 '자신만 살겠다고 다른 사람을 짓밟거나 해치는 몹쓸 심보'가 아니다. 자신을 위하는 마음, 다시 말해 지금보다 더 잘살고 싶어 하는 무한한 욕망을 뜻한다. 자신이 처한 상황에 만족하고 안주하기보다는 더 나은 삶, 더 풍요로운 생활을 누리기를 원하는,

즉 자신의 행복을 추구하는 마음이 곧 이기심이다. 경제활동을 할 때에 이기심은 인간을 더욱더 적극적이고 능동적이며 지속적으로 움직이게 이끌어 준다. 강한 동기 부여를 심어주는 셈이다. 사람은 자기 자신을 위한 이익을 추구하고 성취해나갈 때, 더욱더 열심히, 꾸준히, 성실히 노력하면서 살게 되기 때문이다.

이를테면 어떤 빵집 주인이 있다. 빵집 주인은 돈을 많이 벌어서 큰 집과 값비싼 가구, 멋진 옷을 사고 싶어 한다. 빵집 주인이 그것들을 사려면 어떻게 해야 할까? 빵을 하나라도 더 팔아 돈을 벌려고 노력할 터, 새벽같이 일어나서 신선한 빵을 굽는다거나 남들과 차별되는 독특하고 맛있는 빵을 새롭게 개발하는 노력을 다할 것이다. 이러한 노력은 결과적으로 빵집이 제공하는 상품 서비스의 질적 향상을 가져오고, 빵집의 매출로 이어지게 된다. 기왕이면 다홍치마라고, 누구나 같은 빵이라면 더 신선하고 맛있는 빵을 사려고 하지 않겠는가. 결국 우리가 신선하고 맛있는 빵을 먹을 수 있는 것은 돈을 많이 벌어서 잘살고 싶어 하는 빵집 주인의 이기심에서 비롯된 것이라고 할 수 있다.

이처럼 인간의 이기심은 자신의 삶을 더 나은 수준으

로 끌어올리려는 노력으로 궁극적으로 모두 함께 잘사는 세상을 만드는 원동력이다. 또한, 이 인간의 이기심이야말로 모든 경제활동이 원활하게 돌아갈 수 있게 조정하는 가장 자연스러운 '보이지 않는 손'이다.

더 나은 삶으로 이끄는 원동력으로서의 이기심

버나드 맨더빌Bernard Mandeville의 『꿀벌의 우화』는 '개인의 악덕, 사회의 이익'이라는 부제를 달고 있다. 버나드 맨더빌은 '경제와 사회가 굴러가는 것은 인간의 도덕심이나 자비, 선의에 의해서가 아니라 인간의 이기심이라고 주장[24]'한다. 이는 애덤 스미스의 주장과 일맥상통한다.

특히 버나드 맨더빌이 스스로 『꿀벌의 우화』에 대해 말하기를 "사람은 욕망에 사로잡히지 않고서는 힘을 다하지 않는다. 잠자는 욕망을 깨워주는 것이 없다면 사람이 지닌 탁월함과 능력은 언제까지나 드러나지 않을 것이고, 열정이 빠진 몸뚱이는 바람 한 줄기 없는 가운데 육중하게 서 있는 풍차나 매한가지다. 사람 사는 사회를 굳세게 만들려면 열정을 건드려야 한다"고 했다. 버나드 맨더빌이 지적한 '사람의 욕망과 열정'이야말로 애덤 스미스가 말한 '더 나은 삶으로 이끄는 원동력으로서 이기심'의 원형이다.

잘 생각해보자. 언뜻 사람들은 저마다 자신의 이익을 추구하는 것처럼 보이지만, 자세히 들여다보면 개개인이 자신의 이익을 극대화하는 과정에서 자율적으로 알맞은 균형점을 찾고 결국 합리적이고 효율적인 경제 흐름을 만들어내지 않은가. 따라서 모든 사람이 자기 이익만 추구해도, 경제가 발전하고 삶이 풍요로워지며 사회 화합이 더욱더 잘 되는 긍정적인 결과를 가져올 수 있다는 것이 바로 버나드 맨더빌의 사상이자 그 뒤를 잇는 애덤 스미스의 핵심 주장이다.

애덤 스미스는 국가의 부를 증대하려면 인간의 본성을 가장 자유롭고 안전하게 발휘할 수 있도록 해야 하며, 국가나 기관 등에서 인간의 이기심을 억압하는 일 없이 인간의 기본적인 욕구가 가장 자연스럽게 움직이는 상태, 자유로운 경제 환경이야말로 지속적인 경제발전을 가능하게 하고 궁극적으로 모두 다 함께 잘사는 세상을 만들 수 있다고 생각했다. 국가나 기관이 굳이 개입하지 않아도 경제 분야의 주역인 모든 사람이 자연스럽고 효율적으로 경제활동을 해 나가기 때문이다. 이처럼 개개인의 이익을 추구하는 아주 자연스러운 행위가 개인뿐만 아니라 사회 전체의 이익과 조화를 이루어 낸다는 것, 그것은 오로지 시장을 가장 시장답게 할 때라야 가능한 것이었다. 그렇기에 애덤 스미스는 일찍이 다음과 같이 주장했던 것이다.

"여러분은 선의의 법령과 규제가 경제에 도움을 주고 있다고 생각합니다. 그러나 그렇지 않습니다. 자유방임 하십시오. 간섭하지 말고 그대로 내버려두십시오. '이기심이라는 기름'이 '경제라는 기어gear'를 거의 기적에 가까울 정도로 잘 돌아가게 할 것입니다. 계획을 필요로 하는 사람은 아무도 없습니다. 통치자의 다스림도 필요 없습니다. 시장은 모든 것을 해결할 것입니다."

경쟁이 인간을
행복하게 만든다

도도새는 왜 멸종했을까[25]

루이스 캐럴Lewis Carrol의 소설 『이상한 나라의 앨리스 Alice in wonderland』에는 생김새가 우스꽝스러운 새가 등장한다. 억센 부리와 튼튼한 다리에 비해 볼품없으리만치 작은 날개는 마치 둥그스름한 몸뚱이에 살짝 얹힌 장식처럼 보이는 이 새의 이름은 도도. 현재 도도는 소설이나 영화 등에서만 볼 수 있지만, 한때는 지구상에 실재하는 동물이었다. 적어도 1681년, 마지막 도도가 죽기 전까지만 해도 그랬다.

원래 도도는 아프리카 남동쪽 인도양에 있는 섬나라 마다가스카르 앞바다 모리셔스 섬에 서식하는 새였다. 전 세계에서 오로지 모리셔스 섬에만 살던 도도가 사람들에게 알려진 것은 1507년, 포르투갈 선원들이 이 섬에 첫발을 내디디면서부터였다. 그리고 이때부터 도도의 비극이 시작되었다.

사실 도도가 서식하는 모리셔스 섬은 새들의 천국이었다. 모리셔스 섬에는 인간을 포함한 포유류가 살지 않았고, 그 덕분에 다양한 새들이 천적의 위협 없이 마음껏 번식할 수 있었다. 도도 역시 마찬가지였다. 모리셔스 섬의 풍요로운 자연환경은 도도가 서로 먹잇감을 놓고 경쟁하지 않아도 얼마든지 쉽게 먹이를 구할 수 있게 해 주었다. 또한, 천적이 없으니 기를 쓰고 살아남으려고 노력하지 않아도 되었다. 적자생존適者生存, 살아남기 위해 끊임없이 경쟁하고 강해지려고 노력해야만 하는 비정하리만치 치열한 자연의 섭리가 모리셔스 섬에서만은 예외였다. 그리고 그 결과는 퇴화였다.

서로 경쟁하고 노력하지 않아도 되는 평온한 환경은 도도에게서 비행 능력을 앗아가 버렸다. 모리셔스 섬에서 도도는 날 필요가 전혀 없었다. 도도의 먹이인 도도나무 열매는 도도가 굳이 올라가지 않더라도 자연스럽게 여물어서 땅으로 떨어졌고, 도도는 떨어진 도도나무 열매를 주워

먹기만 해도 충분히 배를 채울 수 있었기 때문이다. 쓸모가 없어진 날개는 점점 작아지고, 마침내 도도는 날지 못하는 새가 되었다. 하지만 별 상관은 없었다. 외부와 단절된 모리셔스 섬에서는 천적에 쫓겨 날아야 할 일도, 먹잇감을 구하러 나무 위로 날아올라야 할 일도 없었기 때문이다.

하지만 1507년, 포르투갈 선원들이 모리셔스 섬에 정박하면서부터 상황은 완전히 바뀌었다. 날지 못하는 도도는 포르투갈 선원들에게 손쉬운 사냥의 표적이 되었다. 칠면조 대신 식탁 위에 올라갔고, 푸른 빛깔 깃털은 귀족 여성의 모자 장식이 되었다.

포르투갈 선원들의 사냥으로 도도의 개체 수가 급격히 감소한 것도 모자라 더 큰 비극이 도도를 덮쳤다. 바로 네덜란드 사람들이 모리셔스 섬에 생쥐와 돼지, 원숭이를 들인 것이다. 도도는 땅 위에 둥지를 틀고 알을 낳는 습성이 있는데, 바로 이 알이 생쥐와 돼지 그리고 원숭이의 표적이 되었다. 생쥐와 돼지, 원숭이는 닥치는 대로 도도의 둥지를 털어 알을 먹어 버렸고, 엎친 데 덮친 격으로 사람들마저 도도를 사냥해서 잡아먹었다. 결국 한때 모리셔스 섬에서 번성하던 도도는 1681년, 마지막 도도가 죽으면서 불과 100

여 년 만에 자취를 감추고 말았다.

도도의 멸종에는 모리셔스 섬 특유의 생태계 질서를 무시한 인간의 일방적 행동이 크게 작용했으리라. 도도의 개체 수 감소를 생각하지도 않고 마구 잡아대고, 오랜 세월 동안 외부와 단절되어 온 모리셔스 섬에 생쥐와 돼지 그리고 원숭이와 같은 외래종을 유입하는 등 일련의 행동은 도도의 생존을 위협하는 일이었다.

그러나 모리셔스 섬의 그 어떤 종보다 도도가 가장 치명적인 직격탄을 맞은 까닭은 도도가 비행 능력이 퇴화된 새였기 때문이었다. 만약 도도가 적자생존의 경쟁이 치열한 생태계 환경에서 살았더라면 어땠을까? 천적의 위협을 피해 나무 위에 둥지를 짓고 알을 낳았다면? 작은 소리에도 놀라 포르르 하늘로 날아올라가 버릴 만큼 예민했더라면? 아마도 최소한 100여 년 만에 멸종되는 비극은 맞이하지는 않았을 터이다.

살아남기 위해 끊임없이 경쟁하고 노력하는 새들에 비해 도도는 위험에 너무나도 취약했다. 그동안 풍족하고 안락한 생활 속에서 편하게만 살아 왔기 때문에 자신을 지키고 종족을 보존할 최소한의 수단, 즉 비행 능력마저 잃어버린 것이다. 그리하여 사람을 비롯한 외래종의 침입에 그토록 순식간에 멸종되었으리라.

경쟁이 없으면 행복해질까?

도도가 끝내 멸종할 수밖에 없었던 비극이 비단 모리셔스 섬만의 일일까? 그렇지 않다. 우리 인간 세상도 마찬가지이다. 도도의 비극이 우리에게 일어나지 않으리라는 장담 따위는 단 1밀리그램도 할 수 없다. 모리셔스 섬의 도도처럼 서로 경쟁하지 않고 노력하지 않는다면, 인류 역시 더는 창조적 발전과 번성을 이루지 못하고 비참한 몰락과 퇴보의 구렁텅이로 침몰할 것이 자명하다.

이에 관련하여 미국의 경제학자 토드 부크홀츠Todd G. Buchholz는 자신의 저서 『러쉬Rush』에서 날카로운 지적을 한 바 있다.[26]

"인정사정없는 이 지상의 삶과 포식자들로부터 살아남기 위한 경쟁을 하려면 다른 인간과 협력해야 했다. 결국 경쟁이 협력을 낳았다. 경쟁은 우리 인류를 비참의 늪으로 끌어당기는 족쇄가 아니라 우리가 살아남을 수 있는 토대다."

또한, 토드 부크홀츠는 "우리가 일을 해서 벌어들이는 모든 재화는 우리에게 어떤 원초적 감정을 불러일으킨다. 그리고 그것은 우리의 심장을 뛰게 하고, 뇌로 산소를 공급하는 생명의 기운을 자극한다. 그것들은 우리가 진화의 주기에서 그저 한 줌의 먼지로 사라지지 않을 것임을 보여주는 징표와 같은 것이다"라고 했다.

이는 사람들이 부와 성공을 거머쥐기 위해 서로 경쟁하고 노력하는 것이 결코 헛된 일도, 지나친 탐욕도 아니라는 뜻을 내포한다. 아니, 오히려 자연스러운 인간의 본성이자 지금까지 인류가 이룩해온 진보의 원동력이라고 역설한다. 따라서 지금보다 더 나은 삶, 더 큰 부와 명예 그리고 성공을 위해 경쟁하고 노력할 수 있는 자유가 보장되는 환경이 무엇보다 중요하다. 설령 욕망과 의지가 충만하더라도 체제의 덫에 사로잡혀 경쟁과 노력의 자유를 박탈당한다면 아무것도 이룰 수 없는 무기력과 방만의 수렁에 빠질 수밖에 없기 때문이다.

그 대표적인 예가 바로 쿠바와 북한, 부탄이다. 이들 국가는 모두 경쟁과 노력의 자유가 보장되지 않는 곳이다. 이곳에서는 서로의 재능을 경쟁하며 더욱 꽃피울 수도 없고, 변화와 진보를 위한 노력이 인정받을 수도 없다. 결국 이들 사회는 폐쇄적인 정체 상태에 머무르며 다 같이 빈곤에 시달리게 된다.

반면 미국을 비롯한 자본주의 국가의 시장경제체제는 어떠한가. 공산주의 국가와는 비교도 할 수 없는 풍요와 번영을 누리며 지속적인 발전을 이어나가는 데에는 자유 경쟁이 있었다. 시장경제에서는 모든 경제 주체가 개개의 욕망과 이익 추구를 위해 끊임없이 경쟁하고 노력한다. 특히 자유경쟁은 시장경제체제의 핵심이다. 시장경제가 가장 원활하게 돌아가기 위해서는 온전히 자유로운 경쟁이 가능한 환경을 조성하는 것이 중요하다.

그리고 이 자유로운 사익 추구는 개개의 유기적인 관계를 맺으며 사회 전체의 부를 증가시키는 데 기여한다. 토드 부크홀츠는 이 점을 지적하며 "에덴주의자들은 서로를 가르는 경쟁이 끔찍한 불평등을 낳았다고 주장하지만, 그런 경쟁으로 인해 가장 심각한 경제적 불평등이 실제로 줄었다"고 했다. 이는 통계로도 증명된 바 있다. 1일 소득 1달러 미만의 최빈민층의 비율이 경제성장에 따라 크게 감소된 것이다.

이처럼 경쟁과 노력은 개개의 이익뿐만 아니라 전체의 이익을 증대하여 궁극적으로 더 나은 세상, 한 사람이라도 더 잘사는 사회를 만드는 데 이바지한다.

지금도 계속 진화하고 있는
시장경제 질서

1758년 9월 프랑스 경제학자 뱅상 드 구르네Vincent De Gournay는 "막지 말고 내버려 둬라(Laissez-faire). 세상은 알아서 굴러갈 것이다"라고 말했다.[27] 이는 시장경제에도 동일하게 적용된다.

시장은 인류의 역사와 함께하며 수없이 많은 진화를 거듭해 왔다. 진화란 무엇인가? 자신의 환경에 맞춰서 가장 최적화된 모습으로 변화하는 것이다. 지구상의 모든 생물은 끊임없이 환경에 적응하며 살아남기에 가장 좋은 모습으로 변화해 왔다.

따라서 모든 생물의 모습은 그 자신이 사는 환경에 가장 알맞은 모습이거나 적합한 모습으로 변해가는 과정이라고 할 수 있다. 그리고 진화에 실패한 종은 자연스럽게 소멸된다. 결국 진화란 살아남아 번성하기 위한 자연의 섭리이다.

이와 같은 진화의 질서는 우리 삶의 영역에서도 찾아볼수 있다. 특히 경제는 인류 문명의 발달에 따른 놀라운 진화의 역사를 자랑한다. 먼 옛날, 수렵과 채집을 하며 연명하던 원시시대의 자급자족형 경제부터 오늘날 분업과 특화를 통한 자유 경쟁과 이익 추구의 교환 경제에 이르기까지, 시대가 바뀌고 산업이 발전하면서 경제 역시 놀라우리만치 발달했다. 이는 인류 역사 2,000여 년 동안 끊임없이 진화를 거듭해 온 성과이며, 그 오랜 시간에 걸쳐 스스로 진화하며 발전해 온 최적의 경제 시스템이 바로 시장경제인 것이다.[28]

사회주의나 전체주의의 계획경제가 실패로 돌아가며 사라진 것과 달리 시장은 처음 교환 경제가 시작되던 순간부터 지금까지 상상할 수 없을 만큼 숱한 변화를 거치며 진화하고 살아남았다. 게다가 지금도 여전히 진화를 계속하고 있다.

도대체 어떻게 끊임없는 진화가 가능할 수 있을까? 그것은 시장이 진화에 친화적인 덕분이다. 시장에서 경제주

체들이 자유롭게 경제활동을 하다 보면 다양한 변화와 변이가 생기고, 치열한 경쟁이 벌어진다. 바로 이 경쟁에서 소비자의 선택을 받아 살아남은 것만이 후대로 전해지게 된다. 그렇기에 우리는 과거보다 매번 더 좋은 제품을 사용할 수 있는 것이다.

이처럼 기업들은 보다 나은 제품을 만들어 내지 못하면 소비자에게 선택받지 못하고, 시장에서 자연스럽게 도태되어 버리고 만다. 따라서 시장 환경에 잘 적응한 기업들과 상품, 기술만이 살아남아 시장의 활성화를 촉진한다. 하이에크Friedrich August von Hayek는 이와 같은 시장의 선택과 진화의 과정을 '자생적 질서'로 보았고, "시장 경쟁이 발견 절차를 이룬다"고 말했다.[29] 실제로 시장은 인위적인 설계 없이도 '보이지 않는 손'의 원리에 따라 자연스럽게 가장 적합한 질서를 형성하고 균형을 맞춰 나간다.

시장의 진화는 우리 삶의 변화에서도 확인할 수 있다. 중세 유럽에서는 향신료를 구하기 위해 정벌과 전쟁도 불사했다. 하지만 지금 향신료를 구하기 위해 전쟁을 벌이려는 나라는 없다. 향신료가 더는 구하기 어려운 식재료가 아닌 보편화된 식재료로 바뀐 덕분이다. 향신료가 이토록 널리 보급된 데에는 교통수단의 발달이 있었다. 교통수단이 발달하면서 거리의 장벽이 무너졌고, 자연스럽게 무역이 발달하며 시장의 규모와 범위가 크게 확대되었다. 거래하는 상품의 종류와 양이 이전과 비교할 수 없으리만치 다양하고 많아졌으며, 거래 기간 역시 놀랍도록 단축되었다. 그래서 오늘날 우리는 언제 어디서든 편안하게 지구 반대편에서 날아오는 물건을 받아볼 수 있는 것이다.

직업의 세분화에서도 시장의 진화를 확인할 수 있다. 현재는 과거에 비해 훨씬 많은 종류의 직업이 존재한다. 더는 혼자 모든 것을 해결하지 않고 부족한 부분을 시장을 통해 해결하기 때문이다. 예를 들어, 김치를 생각해 보자. 과거에는 김치를 먹으려면 김치 담그는 법을 배우고, 모든 재료를 직접 준비해서 담가야 했다. 하지만 요즘은 어떤가? 직접 김치를 담그지 않더라도 얼마든지 김치를 사 먹을 수 있다. 김치를 잘 담그는 사람들이 전문적으로 담근 김치를 판매하기 때문이다. 따라서 이제는 김치 재료를 준비하지 않아도, 김치를 담글 줄 몰라도 언제라도 맛있는 김치를 먹을 수 있다.

일찍이 슘페터는 이렇게 말한 바 있다. "자본주의의 업적은 여왕들에게 더 많은 실크 스타킹을 제공하는 것이 아니다. 공장 여직공들이 노력을 덜해도 실크 스타킹을 신을 수 있게 한 데 있다."[30]

이처럼 시장의 확대와 발달, 즉 시장의 진화는 누구나 24시간 언제든지 가까운 편의점에서 저렴하게 스타킹을 구입해서 신을 수 있는 보편적인 편의성을 우리에게 제공한다.

단언컨대, 시장은 인류 역사상 가장 진화에 친화적인 경제 기구이다. 수많은 사회적 요소들의 상호작용을 통해 오늘날 시장이 만들어졌으며, 앞으로 시장이 만들어질 것이다. 이처럼 진화를 스스럼없이 받아들이고 끊임없이 새롭게 변모하는 것이 시장이 가진 우수성이자 자연성이다. 앞으로도 시장은 알아서 스스로 진화를 멈추지 않고 지속해 나가리라.

물론 진화하는 과정 속에서 다양한 실패가 나타날 수도 있다. 그러나 그 실패마저도 시장은 진화의 양분으로 삼으며 더욱더 발전해 나간다. 중요한 것은 실패 그 자체가 아니라 자생적 질서에 따라 스스로 진화해 나가는 시장에 대한 믿음이다.[31]

주 석

제1장 **시장의 탄생**

1 표준국어대사전의 정의에서 인용

2 『새 경제학원론』안재욱·김영용·김이석·송원근 공저, 교보문고, 2012,
   p620

3 "스티븐 스필버그, 어른이 된 피터팬", 《신동아》
   http://news.naver.com/main/read.nhn?mode=LSD&mid=sec&sid1=102&
   oid=262&aid=0000003085

4 『쉽게 배우는 경제학』김상택 저, 황금가지, 1999

제2장 **'보이지 않는 손'이 경제를 움직인다**

5 『인간 중심 경제학 원론』배진영 저, 율곡출판사, 2013, p18

6 『스토리 시장경제』한국경제교육연구회 편저, 북오션, 2011, p152~154

7 『스토리 시장경제』 한국경제교육연구회 편저, 북오션, 2011, p139~141

8 『역사는 반복되어야 하는가?』 안토니 피셔 저, 자유기업센터, p75

9 『스토리 시장경제』 한국경제교육연구회 편저, 북오션, 2011, p53~56

제3장 시장은 어떻게 인간의 욕망을 충족시킬까

10 http://sgsg.hankyung.com/apps.frm/news.view?nkey=20140114004130
    00101&c1=01&c2=05

11 『맨큐의 경제학』 그레고리 맨큐 저, 김경환·김종석 공역, 교보문고, 2009

제4장 사람을 움직이게 하는 힘

12 『7천만의 시장경제 이야기』 마이클 워커 편, 김정호 역, 자유기업원, 2004

13 "'추신수 잭팟' 트레이드 거부권·인센티브 옵션 포함", 《스포츠동아》
    http://sports.donga.com/3/01/20131223/59744601/3 | "인센티브의 힘",
    《The Korea Times》 http://www.koreatimes.com/article/818166

14 『스토리 시장경제』 한국경제교육연구회 편저, 북오션, 2011, p84~85

15 "공짜점심(No free lunch)" 한국경제 좋은일터연구소
    http://gwp.hankyung.com/board/view.php?id=gwp_column&ch=etc&n-
    o=40&page=2&sn=&ss=&sc=&old_no=&old_id=gwp_column&skin-
    =&keyword=&category=&tag=&pagenum=&sel_order=&desc=desc&cmt_
    page=1&cmt_order=&cmt_desc=asc

16 『이솝우화로 배우는 경제』 서명수 저, 인북스, 2005, p14~15

17 "버락 오바마 대통령과 밥 한 끼는…3,420만 원", 《조선비즈》
    http://biz.chosun.com/site/data/html_dir/2011/03/30/2011033000960.html

18 "팀 쿡과 커피 타임 6억 8,000만 원 낙찰", 《중앙일보》
    http://article.joins.com/news/article/article.asp?total_id=11534314&clo-
    c=olink | article | default

19 "강연의 경제학…美 연준의장 2억 원대, 대통령은 5억 원대", 《조선비즈》
http://biz.chosun.com/site/data/html_dir/2014/03/07/2014030702994.
html?main_news

20 『스토리 시장경제』한국경제교육연구회 편저, 북오션, 2011, p229~230

21 "효과적인 인센티브 불변의 법칙", IBK기업은행 블로그
http://blog.ibk.co.kr/789

22 『시장경제란 무엇인가』공병호 저, 자유기업센터, 1997

 제5장 시장의 진화와 사회 발전

23 『10인의 경제학자가 남긴 위대한 유산』유시나 저, 안재욱 감수, FKI미디어,
2014, p25~26

24 『책으로 세상 읽기』배진영 저, 북앤피플, 2012, p256

25 『스토리 시장경제』한국경제교육연구회 편저, 북오션, 2011, p116~117

26 『책으로 세상 읽기』배진영 저, 북앤피플, 2012, p274

27 〈진화하게 하라〉복거일, http://www.cfe.org/mboard/bbsDetail.asp?cid-
=mn20071216483&idx=19311

28 『하이에크, 자유의 길』민경국 저, 자유기업센터, 1997

29 〈진화 과정으로서의 시장〉복거일, http://www.cfe.org/mboard/bbsDe-
tail.asp?cid=mn20071216483&pn=2&idx=19939

30 『10인의 경제학자가 남긴 위대한 유산』유시나 저, 안재욱 감수, 프리이코노
미북스, 2014, p91

31 『시장의 진화』복거일 저, 한국경제연구원, 2012

스토리 시장경제

❶

시장경제란
무엇인가